청년임대주택과 부동산금융

청년임대주택과
부동산금융

지은이 여의도김박사
펴낸곳 바 탕 소
등록 2008년 11월 13일 제321-2008-00137호
주소 서울시 중구 동호로34길 21 7층
전화 02_553_8387
이메일 lks@ibookee.kr
ISBN 978-89-98875-14-5
1판1쇄 펴낸 날 2019년 4월 19일

청년임대주택과 부동산금융

바탕소

목차

서문

스티브잡스는 유언을 통해 "이제 곧 생명이 끊길 것 같은데 내 귓소리에는 기계소리만 들리고, 머릿속에는 돈과 명예를 위해 살아온 추악한 기억만 떠오릅니다. 이런 때는 아름다운 기억이 떠올라야 하는데, 그런 것이 하나도 없군요. 여러분 아름다운 추억을 만드는 인생을 살도록 하세요."라는 말을 했다고 합니다. 제가 교통사고로 하반신 마비가 될 뻔한 상황에서 이 글은 저의 치열한 인생을 뒤돌아보게 했지요.

지금 저는 제가 죽었을 때 수많은 사람을 행복하게 해주었다는 스승으로 기억되는 것이 유일한 목표입니다. 저보다 돈을 많이 가지고 있거나 저보다 능력이 많고, 사회적 지위가 높은 사람이 많겠지만 저보다 훌륭한 제자들을 둔 사람은 많지 않을 거라는 사실이 저의 대단한 자부심입니다.

저에게 강의를 듣는 사람들은 부동산 개발업, 부동산 건축업 그리고 부동산 금융업에 종사하는 사람들이 대부분이지요. 저는 학원에서 입시 시험 가르치듯이 요령과 기술, 지식만을 가르치려 하지 않습니다.

- 인생을 올바르게 사는 법
- 돈을 올바르게 버는 법
- 금융인의 올바른 태도
- 시행인의 올바른 태도

등을 가르치려고 노력합니다.

여의도 김박사의 룰4

저의 제자라면 반드시 지켜야 하는 계율 4가지 입니다.

1. 까마귀 노는데 백로야 가지 마라
2. 가구는 고쳐 써도 사람은 고쳐 쓰지 못한다.
3. 일확천금은 없다
4. 사촌이 땅을 사면 진심으로 축하해주어라.

까마귀 노는 데 백로야 가지마라

- 우리의 주위에 입만 가지고 사는 사람
- 자기 것이 아닌 데 자기 것인 것처럼 말하는 사람
- 거짓말을 밥 먹듯이 하는 사람
- 자기를 위해서 남을 곤경에 빠뜨리는 사람

이런 사람들과 아예 가까이 해서는 안됩니다. 자기도 모르게 까마귀로 전락하지요. 그리고 자기가 까마귀의 행동을 하고 있다는 것을 잊어 버립니다. 또는 모른 체하고 살지요.

가구는 고쳐 써도 사람은 고쳐 쓰지 못한다.

사람이 변하기를 기대하지 마세요. 기대하며 시간 낭비를 하면 안됩니다. 한번 실수 한 사람은 똑 같은 일을 되풀이 하는 것을 너무나 많이 보와 왔습니다. "제 버릇 개 못 준다", "세 살 버릇 여든까지 간다" 모두 이런 것을 경계하는 말입니다.

일확천금은 없다

시행업을 하는 많은 사람들은 일확천금을 노립니다. 땅 계약만 하고 금융만 조달해서 시행만 한 건 하면 몇십 억 몇백 억을 벌 수 있다고 생각하지요. 세상은 그렇게 호락호락하지 않고 무질서 하지도 않습니다.

돈을 벌려면 인생에 목표를 세우세요. 30에 얼마의 자산을, 35세에 얼마의 자산을 40세에 얼마의 자산을... 이런 식으로 5년 단위로 60까지 목표를 세우세요.

목표치보다 낮아지면 아껴야 합니다. 자기 주머니의 돈만이 자기의 것이지요. 위와 같은 시행업자들은 세상의 다른 사람의 주머니에 있는 돈이 모두 자기 것이라고 생각하는 사람들입니다.

사촌이 땅을 사면 진심으로 축하해주어라

'사촌이 땅을 사면 배가 아프다'는 말은 일제시대의 악습입니다. 조선시대에 '사촌이 땅을 사면 배를 아프게 해서 그 땅에 분뇨를 주어 기름진 땅을 만들어주라'고 했던 것을 일본이 한국인을 서로 이간질시키려고 변질시킨 속담이라고 하지요.

특히 여의도 증권가는 이러한 이간질이 무척이나 심합니다. 치열한 경쟁과 실적으로 인센티브를 받으며 살다 보니, 남이 잘되면 배가 아프고 속상합니다. 남이 잘되면 축하해주세요. 그리고 자기 것만 열심히 하시면 됩니다. 남의 것에 신경 쓰는 사람은 자기 일에 충실하지 못한 사람입니다. 남 탓만 하는 사람이지요.

자기의 부족한 점이 무엇이고 자기의 장점과 단점이 무엇인지 통찰할 능력이 없는 사람입니다.

그리고 제 사무실에는 제자가 선물해준 제가 좋아하는 글귀의 족자가 걸려 있습니다.

덕불고 필유린(德不孤 必有隣)
덕은 외롭지 않다. 반드시 이웃이 있다.
적선지가 필유여경(積善之家 必有余慶)
선행을 쌓는 자는 의외의 좋은 일이 반드시 있다

저의 가르침이 제자들에게 작은 도움이 되어 그들이 행복한 삶을 이루는데 작은 도움이 된다면 저의 꿈이 이루어진 것입니다.

제가 책에 사인을 받으러 오면 항상 쓰는 문구가 있습니다.

"행복하세요"

행복하기 위해 돈을 버는 것이므로, 불행하게 돈을 벌면 안 됩니다. 제 책을 읽는 모든 애독자들이 행복하기를 바랍니다.

자본주의의 봄

1

자본주의의 善 ▪

국부론의 저자인 애덤스미스, 자본론의 저자인 칼마르크스, 그들이 왜 경제학자이기 이전에 뛰어난 철학자로 칭송을 받는 지를 경제학을 공부할수록 깨닫게 됩니다. 또한 과학으로 이해가 안되는 신의 오묘한 진리를 경제학에서 깨닫게 되는 것도 대단하다는 느낌이 듭니다.

많은 사람들이 말하기를 시장자본주의의 근간은 '자유'라고 합니다. 그리고 시장자본주의가 민주주의의 근간이고 이것이 결국 공산주의를 이겼다고 하지요. 애덤스미스는 인간의 이기심이 시장의 보이지 않는 손에 의해 시장경제를 유지하고, 이것이 결국 사회를 발전시키는 원동력이라고 자본주의를 설명했습니다.

그런데 현대 자본주의에서 자유란 소유, 소비에 대한 자유를 의미하게 되었습니다. 무엇이든 소유할 수 있고, 무엇이든 살 수 있는 자유가 사람들이 추구하는 진정한 자유라는 것이지요. 이로 인해 보이지 않는 손은 끊임없이 상승하고, 공급은 과다하고 가격은 오르는 결과를 만들었습니다.

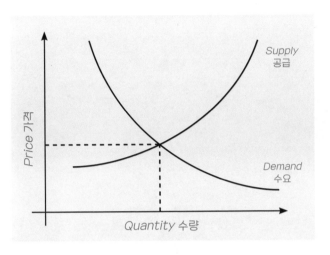

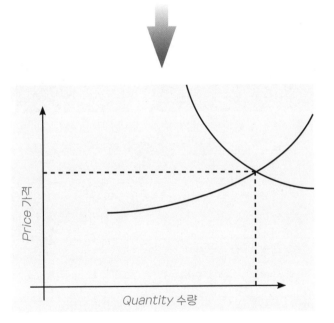

Adam and Eve, 1628-9 By Peter Paul Rubens

이에 대하여 저는 다음과 같은 생각을 하고 있습니다.

신이 창조한 에덴동산은 노동을 하지 않아도 살 수 있는 낙원이었지요. 그런데 이브가 사과를 먹어 인간은 에덴에서 쫓겨나고 이후에 노동을 해야만 소비를 할 수 있는 상황으로 바뀌었습니다.

인간이 사과를 따먹고 싶은 욕망이(소비의 욕구) 인간으로 하여금 노동을 하게 만들었고, 노동력에 의해 생산을 하지 않으면 소비의 욕구가 채워지지 않으니, 인간은 끊임없이 노동을 해서 생산을 하고 소비 욕구를 채워나가는 악순환의 고리에 빠지게 된 것으로 보입니다.

사람들은 GDP를 다음 두 가지로 표현합니다.

GDP (Gross Domestic Product) : 경제 총량

GDP (Gross Debt Product) : 빚의 총량

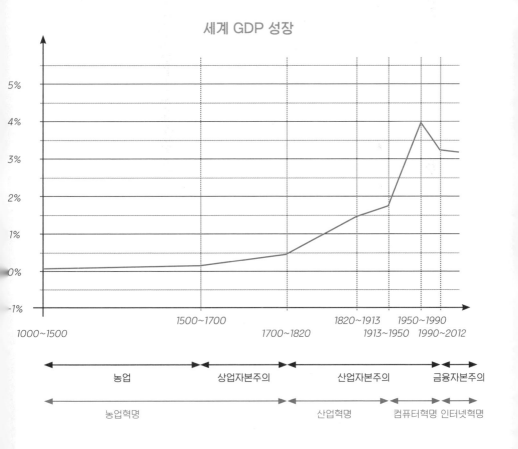

세계 GDP 성장

자본주의 사회는 역사적으로 다음과 같이 발달했습니다.

오래 전에는 농업혁명이 일어나 농업이 국가의 부를 결정하는 중농주의가 대세였지요. 이 당시에는 화폐보다는 물물교환이 일반적이었습니다. 이후 네덜란드를 중심으로 배를 타고 아시아에서 향료를 수입하여 판매하는 중상주의가 대세로 나타납니다. 다시 영국을 중심으로 산업혁명이 일어나고 전세계의 GDP는 이전과는 다르게 급격히 증가하기 시작합니다. 이때부터 화폐의 역할이 대두되었습니다.

그 이전에는 화폐의 용도가 제한적이었는데, 이때부터 많은 노동자들이 화폐를 통해 재화를 소비하기 시작하면서 통화정책MONETARY POLICY이 주목을 받기 시작했습니다.

산업혁명은 다음과 같이 한마디로 묘사됩니다.

"엘리자베스 여왕에게만 실크스타킹을 신기려고 생산하는 것이 아니라 공장의 여자 노동자도 실크스타킹을 신을 수 있게 하기 위하여 생산을 한다"

이전의 일부 귀족을 위한 생산에서 이제는 대중을 위한 대량생산이 이루어지고, 대중이 대량 소비를 하는 시대가 열리게 되었습니다. 이때부터 일반 대중은 소비를 하기 위해 노동력을 제공하고 그 대가를 화폐로 받게 되었습니다.

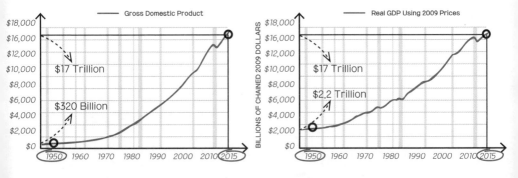

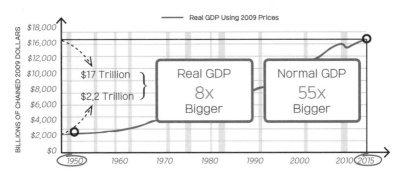

Data Source : Federal Reserve Bank of St. Louis

위 그래프는 미국의 1950과 2015년의 실질 GDP 및 명목 GDP 변화를 보여주는 것입니다. 물가상승률을 반영한 실질 GDP는 1950년에 비해 8배 상승했습니다. 즉 8배 더 생산하고 소비했다는 뜻이지요.

그런데 물가상승률을 반영하지 않은 명목 GDP는 1950년에 비해 55배 상승했습니다. 다른 말로 하면 화폐가치가 하락했고, 생산이 아닌 빚으로써 8배가 아닌 55배 만큼 소비했다는 뜻이 됩니다.

빚이 늘어나 화폐의 유통량이 많아졌고, 화폐의 유통량이 많아졌으니 화폐의 가치가 하락해서 물가가 상승하고 경제총량(GDP)가 증가하는 것으로 보이는 것입니다.

빚이 없어서 순전히 생산된 것이 소비되었다면 1950년에 비해 8배 더 생산되고 소비되어야 하는데 55배 생산되고 소비된 것으로 보이는 것은 순전히 화폐의 가치 하락 때문이고, 결국 빚으로 소비한 결과입니다. 이렇게 화폐의 가치가 하락하여 은행 빚으로 경제가 성장하는 것으로 보이기에 현재를 금융자본주의라고 부르는 것이지요.

자본주의는 한계에 부딪힐 때마다 새로운 방법을 강구했습니다. 대표적인 것이 글로벌화입니다. 인터넷의 발달로 세계가 하나로 묶이게 되고, 보다 싸고 많은 생산을 위해 기업들은 공장을 저렴한 인건비와 많은 노동력을 손쉽게 확보할 수 있는 곳으로 이전하게 되었고, 그렇게 글로벌화가 진행되면서 한 나라의 화폐가 국경을 넘어서 통용되다 보니 금융이 중요하게 된 것입니다.

이렇게 성장만을 추구해서 외형은 점차 커졌지만 사람들의 행복은 커졌을까요? 사람들의 만족도는 예전보다 증가했을까요?

꼭 그렇지는 않은 것 같습니다. 지금도 G7이나 G20 정상회의가 열릴라 치면 반 세계화를 외치는 전세계 사람들이 모여 거대한 집회를 열곤 합니다. 또한 미국의 대도시에 가보면 홈리스들이 길거리 곳곳에 보이고 자본주의의 어둠도 그만큼 커지고 있습니다.

이제는 성장이 아닌 안정과, 소비와 소유의 자유가 아닌 물질로부터의 자유를 통해 인간의 진정한 행복을 찾는 사회적 노력이 태동하게 되었습니다.

로치데일 협동조합은 자본의 착취로부터 진정한 자유를 얻으려는 사회적 움직임입니다.

로치데일
공정선구자
협동조합
역사와 사람들

▼ ROCHDALE PIONEERS who founded the first retail Cooperative movement in 1844

▶ Rochdale Pioneers Museum, 31 Toad Lane Rochdale, Lancashire, OL12 0NU

자본주의에서의 善이란 인간의 이기심이 아닌 모두에게 진정한 행복을 가져다주는 무엇이라고 생각합니다.

제가 청년임대주택에 관심을 가지는 가장 큰 이유는 바로 이런 소비와 소유에 대한 자유를 얻을 수 있을 것이라는 희망 때문입니다.

300l/dia

local resour

사회적 임대주택의 역사적 배경

2

사회적 임대주택의 역사적 배경 ▪

영국에서 산업혁명이 일어나면서 자본계급과 노동계급의 양극화가 극심해졌습니다. 1800년경 맨체스터의 자본가인 로버트 오웬은 공장에서 일하는 아동들이 쉴 시간이 없는 것을 보고 자체적으로 그들의 인권을 보호하기 위해 사회주의 사상을 도입한 개혁 정책을 자기 공장에서 실현합니다. 목표관리경영, 유치원교육, 대안화폐, 노동운동 등등. 이 분을 협동조합운동, 사회개혁 운동의 선구자라고 합니다. 다만 너무 이상주의였다는 비평을 받습니다.

오웬의 영향을 받은 조리 홀리요크가 처음으로 노동자 자치 협동조합을 만듭니다. 한국에 책으로도 소개된 "로치데일 공정선구자 협동조합"을 만든 사람이며, 선구자라고 불리우고 있습니다.

당시 산업혁명의 자본계급들은 노동자들을 위하여 매점형태를 운영합니다. 그리고 그 매점에서 노동자들에게 밀가루, 버터, 설탕, 곡물, 양초 등을 팔았지요. 그런데 자본계급은 노동자 계급을 착취하기 위하여 밀가루에 모래를 섞거나, 질나쁜 버터 등을 판매하고 판매방식도 현

George Jacob Holyoake (1817~1906)

재의 신용카드처럼 외상으로 팔고 급여일에 제외하는 방식이었습니다. 그래서 모든 노동자들은 결국 무임금으로 노동하는 결과가 되었습니다.

이에 생존을 위해서 로치데일 공장에서 일하는 노동자들이 협동조합을 만들어 생필품을 노동자들에게 공급을 하게 됩니다. 그리고 절대로 외상으로 공급하지 않고 현금으로만 판매하였지요. 그래서 오늘날에도 최초의 협동조합 선구자라고 칭송됩니다.

[참고] 최초의 성공적인 협동조합: 로치데일협동조합

세계 최초의 근대적인 협동조합으로 인정받고 있는 로치데일협동조합은 산업혁명 시기 영국 맨체스터주 북부 로치데일 지역의 노동자들이 우선은 적정한 가격으로 믿을 수 있는 품질의 일용 생필품을 공동으로 구매하는 낮은 단계의 활동부터 시작하여 장기적으로는 생산과 소비를 통합하는 협동조합 사회를 만들자는 비전을 공유하면서 1844년 12월에 만들어졌습니다.

28명의 조합원이 1년동안 매주 2펜스씩 모아 1파운드(약 40만원 정도)를 만들었고 이를 이용하여 버터 25kg, 설탕 25kg, 밀가루 6봉지, 곡물가루 1봉지, 양초 24개가 진열된 상품의 전부였던 초라한 가게로 시작한 것입니다. 이들은 1)시중가격과 같이 공급하는 시가주의 원칙, 2)현금거래 원칙, 3)출자금에 비례하는 것이 아니라 이용한 만큼 수익을 나눠주는 이용액 배당의 원칙을 채택했습니다.

로치데일협동조합은 이렇게 미약하게 시작했지만 정확한 물량, 불순물이 들어있지 않는 품질, 정직한 판매, 이용액 배당 등 당시 로치데일의 주민들이 진정 바라던 것, 사소하지만 지켜지지 않았던 것을 구현함으로써 큰 인기를 얻었고, 급속히 확대되었습니다. 1866년에 조합원수는 50배, 자본금은 400배로 늘어났고, 1851년에는 매일 새로운 점포를 열었을 만큼 소비협동조합으로써 로치데일 지방의 중심이 되었습니다.

Friedrich Wilhelm Heinrich Raiffeisen(1818~1888), 독일의 사회 개혁가 이자 지방 공무원이었으며, 독일 협동조합 운동의 창시자 중 한 명이다.

빌헬름 라이파이젠은 독일의 신앙심 깊은 청년이었습니다. 그는 가난은 상품에서 오는 것이 아니라 신용에서 오는 것이라 말하고, 빈민구제를 위한 신용대부협회를 설립하고 더 나아가 농민을 위한 협동조합은행을 설립합니다.

이것이 바로 현재 독일 케노센샬스 방크와, 오스트리아의 망할려야 망할 수 없는 은행이라는 라이파이젠 은행과 네덜란드의 라보뱅크의 시초입니다.

[참고] 빌헬름 라이파이젠 *Friedrich Wilhelm Heinrich Raiffeisen*

독일은 현재 2600개가 넘는 경제사업 협동조합, 1300개에 이르는 시민은행 (Volksbanken) 신용협동조합, 900개가 넘는 산업별 협동조합이 가동되고 있습니다. 이는 독일 국민 4명 중 1명은 협동조합 회원이라는 사실을 보여주는 구체적인 수치이며 결국 독일 경제의 기반이 사실상 협동조합이라는 것을 말합니다. 이렇게 독일에 협동조합이 경제 중추로 자리잡게 된 것은 신용협동조합의 아버지라 불리는 라이파이젠이 라이파이젠 은행을 만들었기 때문입니다. 1847년 독일 농민들은 고리채에 시달리고 있었고, 대기근이 강타하면서 기아에 허덕였습니다. 이때 라인강 중류 농촌지역 바이어부쉬의 시장으로 있던 프리드리히 빌헬름 라이파이젠(F.W.Raiffeisen)은 인맥을 동원해서 마을 기금을 조성해 굶주린 주민들에게 곡식을 외상으로 나눠줬습니다. 그리고 1849년에는 프람멜스펠트 빈농구제조합을 설립해 농민들이 가축을 구입할 수 있도록 했죠. 조합원 60명이 무한연대책임으로 자본가의 돈을 빌려 가축을 사고, 5년 동안 나누어 갚는 제도를 도입했습니다. 이렇게 농민들을 중심으로 세워진 신용협동조합은 1862년에 라이파이젠 은행(Raiffeisenbank)으로 성장했습니다.

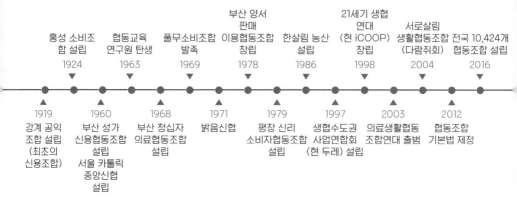

한국에서 조합의 역사는 위와 같습니다. 혹자는 농경사회에서 서로의 농사를 도와주기 위해 만든 두레에서 협동조합의 원형을 찾기도 하지만 근대적인 모습의 협동조합은 아니라고 할 수 있습니다.

일제 시대, 일본의 폭정으로부터 농민들의 이익을 지키기 위해 협동조합이 시작되었다고 할 수 있습니다. 그러다가 2012년 협동조합기본법이라는 것이 만들어졌습니다.

그런데 그 탄생의 배경이 아주 재미있습니다. 당시 배추파동이 발생해서 배추 한 포기에 13,000원이 넘었다고 합니다. 그런데 한 지역에서는 배추의 가격이 3천원 정도에 판매되었으며 그 질도 아주 좋았다고 하지요. 자세한 내막을 알아보니 농민들이 협동조합을 만들었고 이를 기반으로 일종의 선물거래를 하고 있었던 것입니다. 즉 배추가 생산되기 1년 전에 소비자들은 미리 농민들에게 배추값을 선지급하고, 배추가 생산되면 미리 정한 가격에 사가는 조합을 결성한 것이지요.

그래서 이것을 보고 본격적으로 조합을 활성화하기 위해 협동조합

기본법을 제정하였다고 합니다.

[협동조합 성공 사례]

미그로 협동조합은 스위스 전체인구 7백만 명 중 2백만 명이 조합원입니다. '조합원의 생활을 평화롭게'라는 이념으로 저렴하게 생필품을 공급하는 회사입니다. 또 한 가지 이 협동조합의 목표는 근로자를 최대한 많이 고용하는 것입니다. 즉 안정적인 직장을 조합원들에게 제공하는 것이 목표입니다. 그래서 현재 직원이 8만 명을 넘어섰다고 합니다.

또 하나의 사례는 120년의 역사를 가진 미국의 선키스트 협동조합입니다. 생
산자들이 만든 조합이지요. 중간사와 유통사의 폭리로 생산자가 전체 상품 판
매가격의 10~20%만 가져가고 나머지는 유통회사와 중간사가 모두 가져가
는 구조를 막기 위해 생산자들이 직접 만들어 유통까지 하는 조합입니다. 이
미 세계적인 조합이 되었지요.

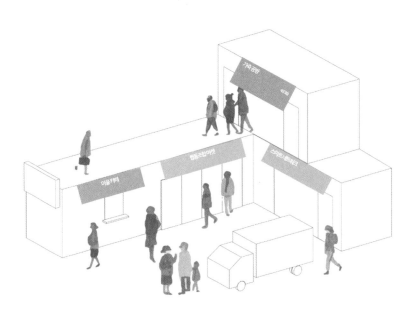

사회적 임대주택의 경제학적 배경

3

사회적 임대주택의 경제학적 배경 ▪

애덤스미스는 빵가게 주인이 빵을 만드는 이유를 자선을 위한 것이 아닌, 돈을 벌고자 하는 이기심 때문이라고 이야기했으며 자본주의 작동원리를 인간의 이기심에서 찾았습니다. 그리고 인간의 내부에는 도덕적 선한 본성이 있어 도를 넘는 탐욕을 제어한다고 생각했습니다.

그렇지만 산업이 발전하면서 자본주의는 자본가와 노동가로 나뉘게 되었고, 상위 1%가 하위 99%를 착취하는 상황이 발생했습니다. 근본적으로 자본가와 노동자의 이익은 대립될 수밖에 없다고 합니다.

또한 조지슘페터와 같은 학자는 창조적 파괴를 언급하면서, 경제가 발전하는 원리는 엘리자베스 여왕에게만 실크스타킹을 신게 하는 것이 아닌 공장의 여직공들도 실크스타킹을 신게 하는 방향으로 발전한다고 했습니다. 결론적으로 자본주의는 배분보다는 어떻게 하면 생산성을 높일 수 있는가에 집중하면서 크게 발전할 수 있었습니다.

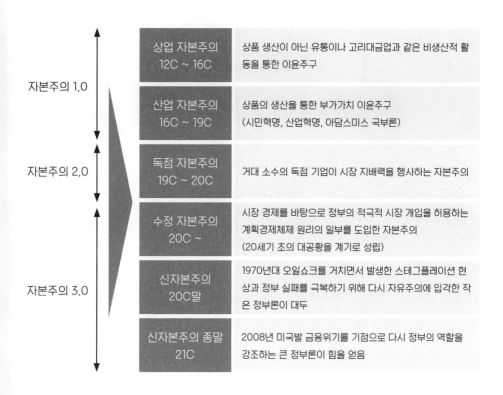

자본주의 1.0	상업 자본주의 12C ~ 16C	상품 생산이 아닌 유통이나 고리대금업과 같은 비생산적 활동을 통한 이윤추구
	산업 자본주의 16C ~ 19C	상품의 생산을 통한 부가가치 이윤추구 (시민혁명, 산업혁명, 아담스미스 국부론)
자본주의 2.0	독점 자본주의 19C ~ 20C	거대 소수의 독점 기업이 시장 지배력을 행사하는 자본주의
자본주의 3.0	수정 자본주의 20C ~	시장 경제를 바탕으로 정부의 적극적 시장 개입을 허용하는 계획경제체제 원리의 일부를 도입한 자본주의 (20세기 초의 대공황을 계기로 성립)
	신자본주의 20C말	1970년대 오일쇼크를 거치면서 발생한 스테그플레이션 현상과 정부 실패를 극복하기 위해 다시 자유주의에 입각한 작은 정부론이 대두
	신자본주의의 종말 21C	2008년 미국발 금융위기를 기점으로 다시 정부의 역할을 강조하는 큰 정부론이 힘을 얻음

그런데 21세기 들어 금융대란이 생기고 글로벌 경기침체가 오면서 기존의 경제체제에 대한 심각한 회의를 통해 대안을 마련하고자 하는 모색이 시작되었습니다

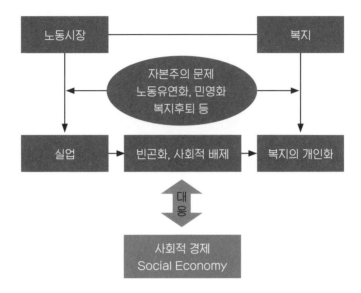

저는 개인적으로 자본주의 및 시장과 사회의 발전은 애덤스미스의 '利가 없으면 宣이 없다'는 원칙으로부터 비롯된다는 것을 믿는 사람입니다. 따라서 이러한 움직임은 배분에 대한 문제를 해결하기보다 경제를 발전시키기 위한 새로운 패러다임으로 생각합니다.

프랑스의 프레드릭 랄루 *Fredric Laloux* 라는 학자가 지은 [조직의 역사적 패러다임 변화 *reinventing organizations*]라는 책이 있습니다. 그는 이 책에서 시간의 흐름과 구성원의 의식수준에 따라 조직구조 기반의 조직문화 패러다임이 red – amber – orange – green – teal의 5단계로 발전돼 왔다고 주장합니다.

1. 유인원시대에 대장이 있었고 조직을 이끌었습니다. 그래서 복종을 강조했

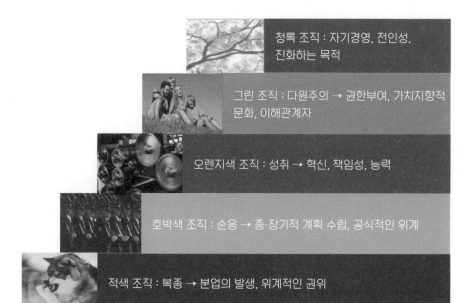

청록 조직 : 자기경영, 전인성, 진화하는 목적

그린 조직 : 다원주의 → 권한부여, 가치지향적 문화, 이해관계자

오렌지색 조직 : 성취 → 혁신, 책임성, 능력

호박색 조직 : 순응 → 중·장기적 계획 수립, 공식적인 위계

적색 조직 : 복종 → 분업의 발생, 위계적인 권위

고 지금의 마피아 같은 조직으로 남아있다고 합니다.

2. 그런데 그런 조직은 당장의 생존이 중요했기에 미래가 없었고 조직의 크기에 제한이 있어, 순응을 요구하는 지휘체계와 계급이 생겼다고 하지요. 지금의 교회와 군대입니다.

3. 이후에 산업이 발전하면서 생산성을 강조하는 조직의 형태가 생겨났습니다. 지금의 기업이지요. 기업의 최대 목적은 성취입니다.

4. 기업의 한계는 소외계층이 생긴다는 것이고 산업시대에 소외받는 노동자 계층이 스스로 생존하기 위해 만든 협동조합이 이것에 해당하지요.

5. 그리고 이런 협동조합이 최종 발전한 형태가 청록조직으로 분배와 경제의 발전이 균형을 이루는 최고의 단계라는 것이지요.

사회적기업이 탄생하고 주목을 받는 이유는 자본주의가 실패한 분배와 성장의 한계에 대한 대안이 될 수 있기 때문입니다.

애플, 아마존, 구글 등은 생활 패러다임을 바꾼 기업들입니다. 저는 개인적으로 경제학에 입각해 사회적기업이 주류 경제의 한 축으로 자리잡게 되면 모든 자본주의와 경제활동의 패러다임이 변경될 수도 있다는 생각이 듭니다.

청년 그리고 우리, 사회적기업

4.

청년 그리고 우리, 사회적기업 ▪

제조업 관리직에 계시는 분이 제 블로그에 올린 글입니다.

저는 제조업 관리직으로 일하고 있습니다. 요즘 사람 구하기가 너무 힘들다고 하는 말이 정말 피부에 와 닿습니다. 제조업 현장에는 52시간 근로제로 인해 3시에 퇴근하는 사람도 많습니다. 그렇다면 사람을 더 뽑으면 된다구요? 최저임금이 올라서 쉬운 일 하면서 돈 벌면 되는데 굳이 어려운 일 할까요? 실제로 임금이 오를수록 노동의 강도가 높은 제조업체는 근로자들을 고용하기가 더 어려워질 수 있다는 것입니다.

물론 어려운 일 하는 직종은 임금을 더 높여야 하겠죠. 다만 기업이 감당할 수 있는 속도나 이익창출 상승 속도를 고려하지 않고 강제로 연 두 자릿수 이상 급여를 높였습니다. 저희 사무실은 이미 최저시급으로 1만원 가까이 주었는데도 불구하고 사람 구하기가 힘듭니다.

어떤 사회적기업이 혁신과 경제성장을 가져오는지 저로서는 이해가 가지 않네요. 규제가 꼭 나쁜 건 아니라는 건 알고 있습니다만 다같이 잘 살자는 허황된 이데올로기가 우리사회의 발전을 막고 있다고 생각들 때도 있습니다.

함께 잘 사는 나라 좋죠. 하지만 그게 가능한가요? 함께 잘 사는 나라의 정의는 무엇인가요? 추상적 이데올로기로 '편가르기 배 아파리즘'을 강요하는 것 같기도 합니다. 자본주의 사회에서 합당한 투자와 노력으로 자산 가치를 늘리는 것에 대해 적폐라는 프레임을 씌우고, 불로소득이라고 폄하하고, 오로지 노동가치만 신성시하는 후진적 사회는 개선되어야 합니다.

이분의 글을 보면서 제가 말하는 사회적기업이라는 뜻이 잘 전해지지 않은 것도 같고, 제가 너무 앞선 말을 한 것도 같다는 반성을 했습니다.

다음 그림은 우리나라 GDP 대비 가처분 소득의 비율입니다. 가처분소득은 국민소득 통계상의 용어로 개인소득 중 소비·저축을 자유롭게 할 수 있는 소득을 말합니다.

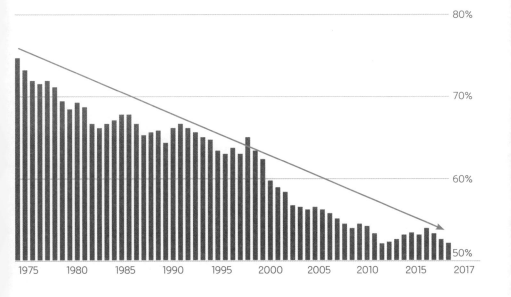

우리나라는 이것이 계속 줄어가고 있습니다. 줄어가는 이유는 임금 인상이 줄어든 것과 지출이 많아진 두 가지 이유가 있습니다.

[소득]

1. 기업의 소득과 개인의 임금 변화 추이

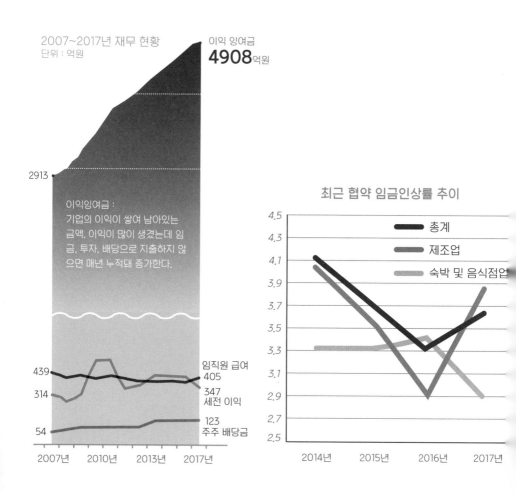

2007~2017년 재무 현황
단위 : 억원

이익 잉여금
4908억원

2913

이익잉여금 :
기업의 이익이 쌓여 남아있는 금액. 이익이 많이 생겼는데 임금, 투자, 배당으로 지출하지 않으면 매년 누적돼 증가한다.

임직원 급여
405

439
314
347
세전 이익

123
주주 배당금

54

2007년   2010년   2013년   2017년

최근 협약 임금인상률 추이

총계
제조업
숙박 및 음식점업

4.5
4.3
4.1
3.9
3.7
3.5
3.3
3.1
2.9
2.7
2.5

2014년   2015년   2016년   2017년

2. 상위 10%와 90%의 수입 차이

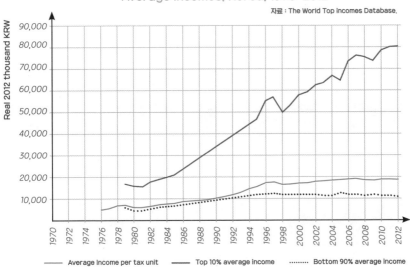

Average incomes, Korea, 1970-2012

자료 : The World Top Incomes Database.

—— Average income per tax unit —— Top 10% average income ⋯⋯⋯ Bottom 90% average income

3. 경제 성장률과 임금 상승률

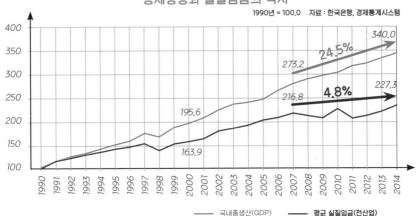

경제성장과 실질임금의 격차

1990년 = 100.0 자료 : 한국은행, 경제통계시스템

273.2 24.5% 340.0

195.6 216.8 4.8% 227.3

163.9

—— 국내총생산(GDP) —— 평균 실질임금(전산업)

위의 통계를 보면 기업은 수입을 올리지만 근로자에게 내려가는(근로자가 받는) 임금은 정체되어 있으며, 경제는 성장하지만 임금은 성장하지 않는다는 것을 보여주며, 상위 10%와 하위 90%의 격차는 점점 커져만 간다는 것이지요.

▲집은 포기해도 술과 담배는 포기할 수 없는 미소는 친구들의 구박에도 자신의 취향을 포기하지 않는다.

영화 '소공녀'에서 가사도우미로 일하는 미소의 하루 일당은 4만 5000원입니다. 월세 1만 원, 식비 1만 원, 약값 1만 원, 위스키값 1만 2000원, 세금 5000원, 담뱃값 4000원을 빼면 6000원이 마이너스입니다. 설상가상으로 월세까지 5만 원으로 인상되자, 미소는 과감히 집을 포기하고 맙니다.

이런 미소의 이야기는 주변에서 흔히 볼 수 있는 청년 빈곤층의 이야기입니다. 동시에, 주변에서 절대 볼 수 없는 모습이기도 합니다. 대학가나 역세권은 물론 역에서 한참 떨어진 비역세권까지 주거 비용이 점점 오르면서 힘들어하는 청년들이 늘고 있지만, 집을 포기하는 청년은 없습니다. 다른 지출을 막더라도 집이라는 공간만큼은 수호하기 때문입니다.

이를 수치화시킨 것이 '슈바베 지수'입니다. 슈바베 지수는 1868년 독일 통계학자 슈바베가 베를린의 가계조사를 진행하며 발견한 법칙을 지수화한 것이죠. 고소득층일수록 가계에서 주거비가 차지하는 비중이 낮고, 저소득층일수록 가계에서 주거비 비중이 증가한다는 것입니다.

고소득층은 주택을 소유한 경우가 많으므로 임대료로 지출하는 비용이 없죠. 반면, 집이 없는 저소득층일수록 임대료에 지출하는 비용이 많습니다. 따라서 수입이 일정한 청년들은 전세비가 오를수록 슈바베 지수가 높아져 빈곤층에 속하게 됩니다.

미소는 집을 포기함으로써 주거 비용을 '0'으로 만들죠. 수치상으로는 최상위 고소득층입니다. 하지만 본인이 가장 좋아하는 위스키 한 잔과 담배 한 갑은 포기하지 않네요. 차라리 술과 담배를 끊고 집을 구하라는 친구들의 말에도 미소는 본인의 신념을 굽히지 않습니다.

"집이 없어도 생각과 취향은 있어."

이런 미소의 생각에 동의하시나요?

월 소득 대비 주택임대료 비율

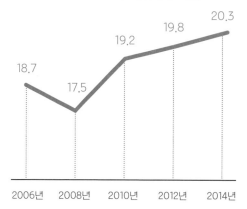

18.7 (2006년)
17.5 (2008년)
19.2 (2010년)
19.8 (2012년)
20.3 (2014년)

세대별 가계부채 증가액 (2012~2014)

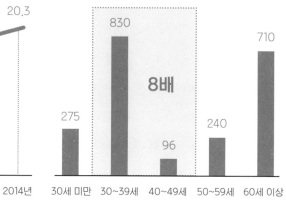

830
710
275
96
240
8배

30세 미만　30~39세　40~49세　50~59세　60세 이상

단위 : 만 원

소득분위 별 '03년 → '16년 소비지출 구성비 증가 큰 분야 (1위~3위)

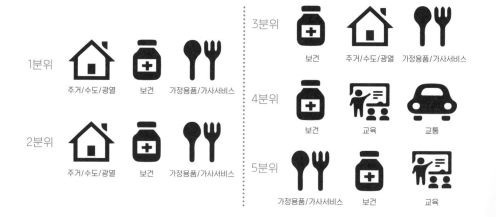

1분위 — 주거/수도/광열　보건　가정용품/가사서비스
2분위 — 주거/수도/광열　보건　가정용품/가사서비스
3분위 — 보건　주거/수도/광열　가정용품/가사서비스
4분위 — 보건　교육　교통
5분위 — 가정용품/가사서비스　보건　교육

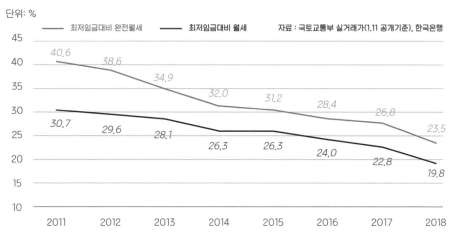

전국 최저임금 대비 원·투룸 월세 임대료 실거래가

단위: %

— 최저임금대비 완전월세　　**— 최저임금대비 월세**　　자료 : 국토교통부 실거래가(1.11 공개기준), 한국은행

완전월세: 40.6, 38.6, 34.9, 32.0, 31.2, 28.4, 26.8, 23.5
월세: 30.7, 29.6, 28.1, 26.3, 26.3, 24.0, 22.8, 19.8

2011　2012　2013　2014　2015　2016　2017　2018

* 원·투룸 기준 : 단독·다가구 계약면적 40㎡ 이하 월세 실거래가 기준
* 완전월세 = 월세 + 환산월보증금 (환산월보증금 = 보증금 + 신용대출금리 / 12)
* 2016~2018년 최저임금 고시기준, 2011~2015년 월 209시간 가정

　　하위계층일수록 주거비 부담이 높습니다. 그리고 하위계층일수록 주거비 지출이 가계지출 중 가장 높습니다. 최저임금의 인상이 주거비 부담을 줄이는 순기능 역할을 하고 있다는 것도 있지요. 그런데 소비로 연결되지 않고 있습니다. 주거비가 높아질 것이라는 미래의 부담감 때문이지요.

　　따라서 지금의 경제를 활성화하려면 산업을 육성해야 한다고 하는 사람들의 지적은 틀린 듯합니다. 자본주의의 소비와 공급은 이제 글로벌 한계에 다다른 듯합니다.

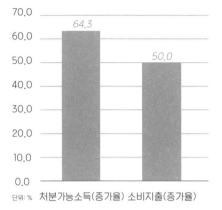

'03~'16 처분가능소득/소비지출 증가율

단위: % 처분가능소득(증가율) 소비지출(증가율)

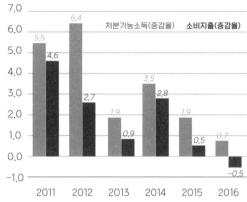

처분가능소득 / 소비지출 전년대비 증가율

처분가능소득(증감율) 소비지출(증감율)

자료 : 통계청, 가계동향분석

　　조지 슘페터는 창조적 파괴를 통해 자본주의가 발전했다고 말했

지요. 다만 수요와 공급은 한계가 있는 것으로 보입니다. 현재까지는

1972년 이후 세계 경제가 발전한 것은 창조적 파괴인 기술의 발전 이

외에 화폐의 유통량을 늘려서입니다.

　　화폐의 유통량이 늘어난 것은 그만큼 빚이 늘어난 것이고 사람들은

빚으로 소비를 하였으며, 기업은 공급을 하면 사람들은 빚을 내어서 그

것을 소비한 것이지요.

　　1920년부터 1970년까지 50년 간 정부가 주도하는 경제인 수정자본

주의 시대에는 소비와 공급이 균형을 이루었습니다. 1970년부터 2010

년까지 신자유주의 경제 시대에서는 빚이 소비를 일으켜 경제가 발전

했지요.

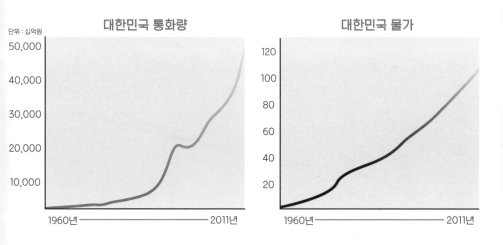

단위 : 십억원

대한민국 통화량

대한민국 물가

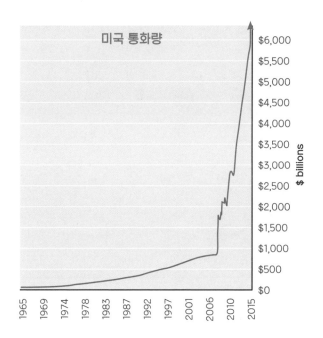

미국 통화량

$ billions

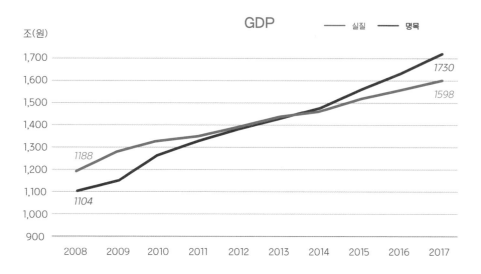

GDP ─── 실질 ─── 명목

조(원)

1,700
1,600
1,500
1,400
1,300
1,200
1,100
1,000
900

1188
1104
1730
1598

2008 2009 2010 2011 2012 2013 2014 2015 2016 2017

경제성장률

%

9.0
7.5
6.0
4.5
3.0
1.5
0.0

0.7
6.5
3.1
2.3
2.9
3.3
2.8
2.9
3.1
2.7

2009 2010 2011 2012 2013 2014 2015 2016 2017 2018

우리나라 GDP와 경제성장률입니다.

10년 전과 비교하면 2008년에 1% 경제성장률을 위해서 12조만 늘어나면 되었지만 이제는 18조가 늘어나야 합니다. 30% 이상의 소비와 투자가 있어야 한다는 것이지요. 따라서 경제규모가 커질수록 당연히 경제성장률은 내려가며, GDP를 마치 경제성적표인듯 보는 것은 맞지 않습니다.

제가 사회적기업을 혁신적 기업이라고 하고 우리나라 경제 상황에서 대안이라고 하는 이유는 합리적인 가격을 통한 합리적인 소비가 활성화되고 합리적인 지출을 통한 소비가 활성화 되리라는 기대 때문입니다. 또한 유럽처럼 합리적인 소비와 지출로 인해 더 많은 일자리가 창출될 수 있다고 믿기 때문이지요.

다만 우리나라 청년들은 소외되고 있다는 생각을 지울 수가 없습니다. 점점 청년의 인구가 줄어들고 사회에서 주도적인 위치에 있지 못하니까요. 청년은 관심의 대상에서 점점 멀어지고 있습니다. 청년의 인구수는 한 나라의 성장성을 결정하는 중요한 요소가 된다는 것은 제가 여러 번 지적한 바 있습니다.

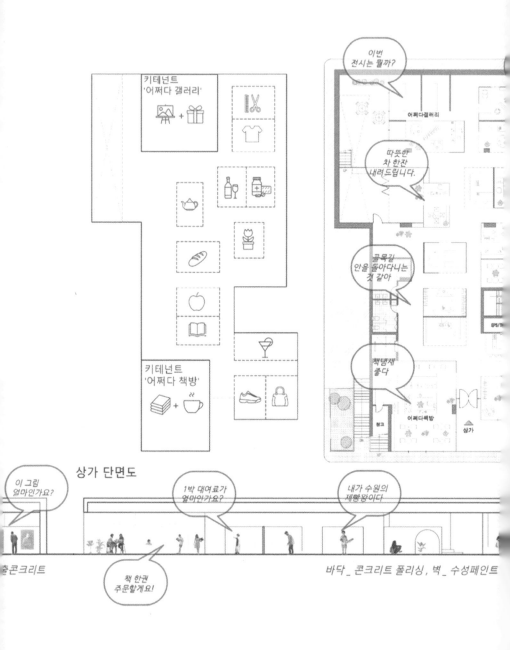

소셜벤처와 사회적기업

5

소셜벤처와 사회적기업 ▪

제 블로그의 많은 애독자들은 댓글로 사회적기업에 대한 냉소적인 비판을 하시더군요. '오래 전부터 있어왔지만 눈에 띄는 성공사례가 없었고 아직도 실험단계인 듯하다'고요. 맞습니다. 아마도 전문성이 떨어져서 그런 듯합니다.

일반적인 사회적기업은 다음과 같이 정의합니다.

1. 사회적 가치 창출과 경제적 가치 창출을 동시에 추구하는 기업
2. 혁신 또는 혁신적인 접근 방법으로 사회적 문제를 해결하는 기업
3. 사업의 확장 또는 지속가능한 성장을 위한 접근 방법

사회적 가치 창출과 경제적 가치 창출을 동시에 이루는 지속 가능한 기업을 만들어야 하는데 수익을 창출하거나 사업에 대한 아이디어는 있으나 현실화시키지 못해서 그런 비판을 받는 것 같습니다.

최근에 등장한 소셜벤처라는 단어는 다음과 같다고 합니다.

기회를 추구하고 이를 행동으로 옮기는 자	사회적 가치를 창출하는 자
지속가능한 해결책을 제시하는 변화의 주도자	한정된 자원으로도 소셜벤처 창업가로서의 역할을 다하는 자

사회적기업가보다 좀더 현실과 경제적 논리에 맞게 행동하는 사람을 소셜벤처라고 부르는 듯합니다. 물론 먹튀도 많고 부작용도 많아서 세금혜택 등을 받고자 하는 사람들도 있으며, 규모가 거대해지자 부작용도 많이 발생하는 사회적 기업도 있는 듯합니다.

저는 금융인이지 사상가나 선구자가 아니기에 주도적인 사업을 하려는 마음은 없습니다. 결단코 다만 도움을 주고 싶을 뿐입니다.

저는 사회적기업을 다음과 같이 정의합니다.

사회적기업의 가치와 목표
한계비용 0을 위한 공유경제
지속가능한 수익창출의 소셜벤처
change maker(패러다임을 바꿀 수 있는 사람)

저는 금융인이기에 利가 없으면 宜이 없다는 것을 평생토록 뼈속까지 느끼는 사람입니다. 아담 스미스의 빵가게 주인이 빵을 만드는 이유는 자선이 아니라 돈을 벌기 위함이라는 이기심 때문이라는 것을 金科玉條로 아는 사람입니다. 그래서 모든 경제적 활동은 그 바탕에 지속가능한 기업이 되기 위한 수익창출이 없으면 결코 성공할 수 없다는 것을 잘 압니다. 그런 인식을 바탕으로 청년임대주택을 하는 소셜벤처를 도와주려고 합니다.

청년임대주택의 가장 큰 문제는 역세권 350m의 토지 계약금이지요. 역세권이라 토지비가 엄청 비싸고, 잘못 되면 전부를 날려 버리게 될 계약금을 투자해주는 금융기관은 없습니다. 그래서 저만의 경험으로 금융구조를 만들어 자산운용사와 협의를 하고 있습니다.

저는 저희 인턴 직원들에게 항상 생산성을 강조합니다.

생산성 = 효과성 / 효율성

효율성은 업무를 빠르고 정확하게 하는 시스템의 구축이고, 효과성은 최종적으로 부가가치를 창출하는 것이지요. 제일 중요한 것이 효과성으로 부가가치가 창출되지 않는 일을 해서는 안 된다고 가르칩니다.

이번에도 물론 저는 효과성을 강조하고 부가가치가 창출되지 않으면 시작도 안 할 겁니다. 제가 이런 시도를 하는 이유는 경제학자로서 새로운 패러다임을 실험해보고 싶은 욕망과 금융인으로서 부가가치를 창출하는 모델을 만들고 싶은 욕구 때문입니다.

가치주의

6

가치주의 ▪

　일본의 '마크 저커버그'라 불리는 스타트업 사업가 사토 가쓰아키는 저서인 머니 2.0에서 '자본주의는 점점 그 한계를 드러내고 있는데, 그 이유는 모든 것의 가치가 이윤이고, 이윤을 극대화하기 위해 효용성만을 강조하기 때문'이라고 주장합니다.

　바꾸어 말하자면 모든 가치는 교환의 가치, 사용의 가치 등 측정할 수 있는 가치만 인정해왔습니다. 그런데 이제는 내재적 가치, 사회적 가치를 더 중요시하는 시대가 도래했습니다.

　돈 중심의 자본주의, 회사의 이윤을 위해서 직원들을 한계로 내몰거나 고객중심을 강조하며 근로자는 모두 계약직으로 사용하는 것이 현재의 자본주의 입니다.

　가치주의는 현재까지 측정하지 못했던 사회적 가치, 내면적 가치를 디지털로 표시할 수 있게 되었다고 말합니다. 페이스북의 좋아요, 친구 맺기 등등은 지금까지 보이지 않던 가치를 디지털로 변형시켜 가치를 측정하고 있는 것입니다. 또한 핸드폰이 모든 사람들에게 보급되어,

지금까지와는 다른 방식으로 사람들은 어떠한 일에 대한 가치를 부여하기 시작했습니다.

청년임대주택의 시범사업 및 운영 상황을 유튜브, 페이스북 등을 통해 많은 사람들에게 보여주면 그들에게 적은 돈을 투자 받아 청년들에게 저렴한 임대주택을 제공하는 가치 있는 일을 할 수도 있게 됩니다.

지금까지는 가치를 측정할 수 없었던 일들이 이제는 디지털로 가치를 측정하여 자금을 모으고 관심을 끌고, 투자자들의 참여를 이끌어내게 된 것입니다.

향후 10년은 어떤 일을 할 때 그 일이 가치가 없고 이윤만 추구하는 일이라면 사람들의 외면을 받는 시대가 도래할 지도 모릅니다. 이전의 자본주의 사회에서는 타인의 공감, 호의, 신뢰 등은 가치로 인정할 수 없었습니다. 하지만 지금은 인간의 내면적인 것을 데이터로 나타낼 수 있게 되었습니다.

전형적으로 주목, 흥미, 관심이지요. 좋아요, 추천 등을 통해 내면적인 가치가 데이터화되기 시작했고 지금까지의 가치의 의미가 변하고 있습니다.

청년주택

오픈오피

회의실

청년공방

DIY 팩토

카페

청년상점

주 진입t

중정

서울시 청년임대주택

7

서울시 청년임대주택

'역세권청년주택' 개요

서울시 역세권청년주택 정책은 서울시내 대중교통 중심 역세권에 임대주택을 민간과 공공이 협력하여 건설하고, 대학생·청년·신혼부부 등 만 19~39세의 청년세대에게 저렴하게 임대해 주는 주거안정 정책입니다.

서울의 높은 집값 때문에 청년들이 집을 마련하기 어려운 현실이므로 일정기간 정부에서 가처분 소득 중 주거비 지출을 줄여주어 집값 마련에 필요한 자금을 준비하도록 도와주는 주거사다리 정책이라고 합니다.

해당 조례 및 지침

해당 조례 : '서울특별시 역세권청년주택 공급 지원에 관한 조례'
해당 지침 : '역세권청년주택 건립 및 운영기준' (서울시, 5차 개정)
참고 사이트 : 서울특별시 역세권청년주택 안내
(http://news.seoul.go.kr/citybuild/archives/501893)

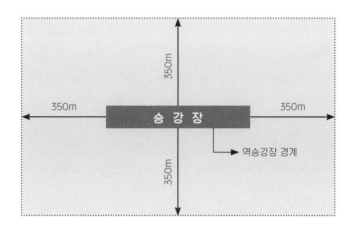

※ '서울시 역세권청년주택 건립 및 운영기준' 제3절 1-3-1

공급 현황 및 목표

공급 현황 : 총 22,220호 규모의 역세권청년주택 사업을 진행 중
(2018.09.말 기준)

구 분	개 소	호 수
사업인가 완료	22	10,442
사업인가 진행중	11	2,809
사업인가 준비중	23	8,969
합 계	56	22,220

공급 목표

2022년까지 총 80,000가구 공급 목표로, 사업관련 각종 지원 사항은 계속될 것으로 전망

구분	합계	2017	2018	2019	2020	2021	2022
청년	56,000	6,980	10,500	10,500	10,500	10,500	7,020
신혼부부	24,000	1,020	4,500	4,500	4,500	4,500	4,980
합 계	80,000	8,000	15,000	15,000	15,000	15,000	12,000

주요 규제완화 내용 (5차 개정)

구 분	기 존	변 경	비 고
역세권 범위	250 m	350 m	대상사업지 면적 3㎢ 확대
도로폭 기준	25 m	20 m	역세권 요건 중
촉진지구 대상 면적	5,000 ㎡	2,000 ㎡	
기부채납	토지만 가능	임대주택도 가능	용적률 인센티브 제공

용적률 및 공공기여율

용도지역 변경이 있는 경우

용도지역	준주거	준공업	근린상업			일반상업		
기본용적률 ( )는 역사도심 내	500%	400%	600%	700%	800%	800% (600%)	900%	1000%
공공기여율 ( )는 역사도심 내	6%	10~15%	8%	10%	12%	10% (8%)	12%	14%
용도별 비율 주거	85% 이상		80% 이상 90% 이하					
비주거	15% 이하 (가로변 비주거 설치 의무)		10% 이상 20% 이하 (가로변 비주거 설치 의무)					

용도지역 변경이 없는 경우

현재 용도지역	2종 일반	3종 일반	2종 일반	3종 일반	준주거	2종 일반	3종 일반	준주거
변경 용도지역	준주거지역		근린상업지역			일반상업지역		
기본용적률	400%		540%			680%		
공공기여율	15%	10%	25%	20%	10%	30%	25%	20%
용도별 주거	85% 이상		80% 이상 90% 이하					
비율 비주거	15% 이하 (가로변 비주거 설치 의무)		10% 이상 20% 이하 (가로변 비주거 설치 의무)					

사업 절차

촉진지구 지정 시 : 지구지정, 지구단위계획 등 인허가 통합 심의·승인하므
로 사업기간 단축

촉진지구 미지정 시 : 건축허가 및 사업승인을 해당 구청에 별도로 심의를
받아야 함

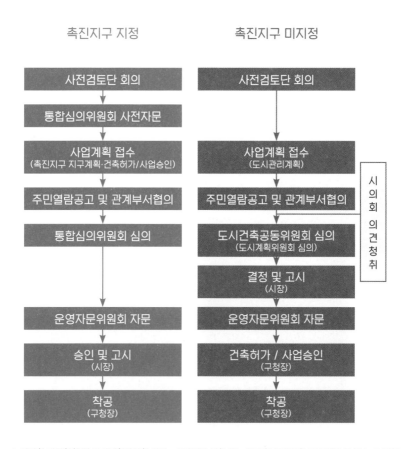

※ 시의회 의견청취 및 도시계획위원회 심의 : 상업지역 상향 또는 주요한 도시계획시설 변경 등 접수 시 진행

사업의 장점

구 분	주요 내용	사업 장점
도시계획 완화	① 역세권 범위 확대 : 250m → 350m ② 종상향 : 2·3종일반주거지역 → 준주거·상업지역 ③ 상업지역 용도·용적제 배제 ④ 준공업지역 주거비율 기준 완화 ⑤ 촉진지구 면적 완화 : 5,000㎡ → 2,000㎡ ⑥ 주차대수 산정기준 완화(기존의 1/2수준) ⑦ 채광 높이제한 등 건축기준 완화	사업범위 확대 용적률 상향 주거비율 완화 주차기준 완화 → 사업성 제고
인허가 간소화	① 사전 검토 제도 ② 촉진지구 지정 시 서울시 통합 인허가	인허가 Risk Hedge 사업기간 단축
금융지원	① 건설자금 융자지원 　- 주택금융공사(HF) 보증서 발급 　- 총 사업비(주거부분만)의 90% 보증 　- 대출금리 : CD + 1.75% / 보증수수료 : 최저 0.1% ② 서울시 이차보전 　- 착공시부터 의무임대기간(8년)까지 　- 대출금리 3.5% 미만 : 2% 　- 대출금리 3.5% 이상 : 1.5%	금융비용 절감 준공 후 담보대출 전환 가능
세제지원	① 취득세 최대 85%, 재산세 최대 75% 감면 ② 임대소득세 75% 감면 ③ 양도소득세(공공지원민간임대주택 등록 후 8년 이상) 　- 장기보유특별공제 70% 　- 다주택자 중과세 배제	세후 이익 증가
서울시 지원	① 서울시가 임차인 모집 대행 - 공고시점은 공정률 60% 시점에 협의 ② 임차인 혜택 - 보증금의 30%(4천5백만원 한도) 무이자 지원 　(서울시, 최대 6년)	낮은 공실률 예상 임대수입 안정성 확보
공공주택 매입	① 공공임대주택 부분 표준건축비 수준으로 매입(서울시) ② 현금정산 또는 별도 도시계획시설로 대체 가능	민간임대주택 추가 확보 가능
비주거시설	비주거 시설은 분양 등 임의 사용수익 가능	현금흐름 개선

금융지원 사항

서울시 이자차액 보전

구 분	사업 장점
대상주택	역세권청년주택 [민간임대]
지원한도	지원금리 : 1.5%이내 - 대출금리 3.5% 미만 : 대출금리 - 2% - 대출금리 3.5% 이상 : 대출금리 - 1.5% ※ 대출금리 : 협약은행 대출금리(CD(90일) + 가산금리 1.75%) • 역세권청년주택 사업자 : ①, ② 중 작은 값 ① 공급호수에 따른 구분 - 30호 이상 100호 미만 : 최대 70억 - 100호 이상 300호 미만 : 최대 120억 ② 토지감정평가액의 70% 이내 (감정평가액 : 공시지가의 1.5배) • 역세권청년주택 사업자 (300호 이상) ① 300호 이상 500호 미만 : 최대 200억 ② 500호 이상 : 최대 240억 ※ 대출금리 : 서울시 심의 후 확정되며, 관련 규정 변경에 따라 조정될 수 있음.
상환조건	
연장조건	연장 없음

※ 서울시 이차보전 금액 산식(예)

• 이차차액 지원대상 금액 산정식

(토지면적 X 공시지가 X 1.5배 X 70%) X (공공지원민간 임대 연면적 ÷ 전체연면적)

• 이차보전 연간 지원금액 : 지원대상 금액 X 최대 1.5%

※ 서울시 이차보전 심의결정에 따라 달라질 수 있음.
예시) 대출금 100억(금리 3.5%) 중 이차보전 대상금액이 40억인 경우, 40억에 대하여 최대 1.5% (서울시 지원) 차감하여 금리 2%로 조달 가능(60억은 3.5% 사용)

건설자금 융자지원

역세권청년주택 건설자금 융자지원 협약

협약 기관	(보 증) 서울시 + 한국주택금융공사(HF) (이차보전) 서울시 + 하나은행/국민은행/우리은행/신한은행
지원 방법	① "서울시"가 추천한 추천대상자에 대하여 "협약은행"이 한국주택금융 공사의 보증서를 담보로 협약은행의 자금으로 대출 ② "서울시"는 "협약은행"에 이차보전금 지급
협약 은행	하나은행, 국민은행, 우리은행, 신한은행
한국주택 금융공사 보증내용	① 보증금액 : 총 사업비의 90% ※총 사업비 : 대지비, 공사비, 기타사업비, 금융비용이 포함되며 주택 외 의 부분은 제외 ② 보증수수료 : 최저 0.1% ③ 보증서는 추천대상자의 근저당권 1순위 확보 ④ 보증기간 : 서울시에서 추천서에 명시한 대출기간
협약은행 대출금리	① 한국주택금융공사의 건설자금보증서를 담보로 대출 • 대출금리 : CD(91) + 1.75% (가산금리) ② 한국주택금융공사의 건설자금보증서를 담보로 하지 않는 대출 • 대출금리 : CD(91) + 2.30% (가산금리)

금융기관 연락처

공공주택 매입 (서울시)

구 분	연락처
하나은행	임대주택사업팀 : 02-2002-1596, 1597
국민은행	구조화 금융부 : 02-2073-3250, 0658
우리은행	각 지점 또는 서울주택도시공사 지점 (02-3412-4681)
신한은행	각 지점

※ 사업비 보증 및 대출 실행방법(금리 등)에 대하여는 각 은행에 문의 필요

가격 산정

• 매입원가 산출 : 공공건설임대주택 표준건축비 수준 (2016.06.07. 국토교통부 고시)

• 산출 방법 및 기준 : 공공주택 특별법 시행규칙 별표7에 의함

매매대금 지급 방법

구 분		매매대금의 지급	
		공정률	지 급
계약 시점		공정률 20% 도달	매매대금 총액의 20%
중도금	1차	공정률 35% 이상	매매대금 총액의 15%
	2차	공정률 50% 이상	매매대금 총액의 15%
	3차	공정률 65% 이상	매매대금 총액의 15%
	4차	공정률 80% 이상	매매대금 총액의 15%
	계	매매대금 총액의 60% (4회 분할)	
잔 금		준공 인가 이후	총액의 10%
		소유권 이전등기 후	나머지 10%
비 고		1) 매입예정 전년도 6월 말까지 '서울시'에 소요 예산을 통보하여야 함. 2) '사업시행자'는 소유권보존등기가 경료되는 날로부터 60일 이내에 '서울시' 명의로 건축시설 및 대지에 관한 소유권이전등기를 경료하여야 함. 3) 소유권이전등기에 따르는 소요비용 등은 '사업시행자'가 부담하기로 함.	

청년임대주택의 부동산 금융

8

청년임대주택의 부동산 금융 ▪

청년임대주택 사업에서 가장 어려운 부분은 바로 에쿼티입니다.

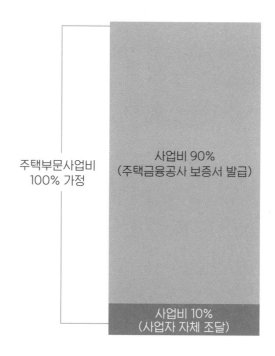

주택부문사업비
100% 가정

사업비 90%
(주택금융공사 보증서 발급)

사업비 10%
(사업자 자체 조달)

사업비의 10%를 에쿼티로 투자를 해야 합니다. 그런데 역세권이기에 토지비가 최소 평당 5천만원 이상이고, 사업수익이 나오는 토지를 매입하려면 최소 100억원 이상이 소요됩니다. 따라서 토지계약금, 취득세(일반적인 취득세 4.6%의 15%), 설계비 등을 감안하면 100억원 토지에 토지계약금 등을 포함해 25억원의 에쿼티가 필요합니다.

그리고 토지 대금을 모두 치루어야 지주가 토지사용승낙서를 써주다보니 브릿지론 등의 금융비용이 필요합니다. 그래서 금융비용+토지계약금 등을 합치면 30억원 이상의 에쿼티가 필요하게 되는 경우도 발생합니다. 예를 들어 필요한 자기자본이 10억원이라고 하면 약 10~20억원의 추가 에쿼티를 투자 받아야 하는 것입니다.

그래서 지분을 100% 소유하기가 어렵습니다. 이유는 사업승인 전에 계약금 형태로 에쿼티를 투자받는 것이고 만일 사업승인에 실패하게 되면 계약금은 상환받을 수 없고 계약금 투자자가 토지를 인수해 별도의 사업을 진행해야 하는 리스크가 발생하기 때문입니다.

그래서 저는 개인적으로 CDS (Credit Default Swap)의 금융구조를 사용합니다. CDS라는 것은 1994년 JP모건의 젊은 파생상품 직원들이 만들어낸 보험 상품입니다. 은행에서 대출을 실행했으나 대출이 기한이익 상실(부도)이 나는 경우를 대비해서 보험을 들어두고 만일 기한이익 상실이 발생하면 CDS 발행기관이 은행에 대출금을 상환하고 해당 대출을 인수하는 파생상품입니다.

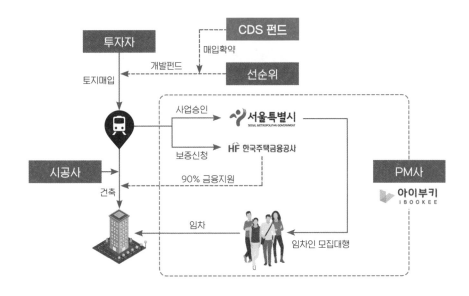

　첫번째 CDS 사용 예는 엑손모빌이었습니다. 지중해에서 유조선이 난파하여 대규모 소송이 일어났는데 이때 공탁금이 필요했고 그 공탁금을 JP모건은행에서 신용장으로 발부받았습니다. 소송에서 지면 JP모건은 공탁금을 대출하게 되는 것이고, 이 위험성 때문에 대손충당금을 사전에 쌓아두어야 했습니다.

　그래서 JP모건은 이 대출의 보험을 유럽부흥은행(EBRD)에게 판매했습니다. 만일 소송에서 엑손모빌이 패소하면 EBRD가 대신 공탁된 신용장 대금을 지불하기로 약속한 것이지요.

　EBRD는 아직 돈이 투자되지 않았으나 수수료를 받았고, JP모건은 대손충당금을 쌓지 않아도 되어서 그만큼 다른 대출로 수익을 올릴 수 있게 되었습니다. 금융의 혁신이었습니다. 이후에 이것은 MBS(주택담보부 채권)에 적용되었는데, 이로 인해 무분별한 CDS 남용으로 이어졌고 2008년 금융위기의 주범이 되었습니다.

위의 금융구조에서 CDS의 역할은 만일에 사업승인이 되지 않으면 선순위 펀드는 토지 계약금 및 투자금을 날리게 되지요. 이를 CDS 금융기관이 대신 지불하고 해당 토지를 인수하는 역할을 합니다.

선순위는 CDS를 발행받아서 대출 자산이 안전자산화 되고, CDS는 사업승인 불발 시 자체 개발을 통해 사업을 진행하며, 초기에는 자금의 투자없이 수수료만 받고 지분을 받기에 유리한 구조입니다.

초기에 청년임대주택이 활발하지 못한 이유는 과다한 에쿼티를 조달할 방법이 없었기 때문입니다. 하지만 CDS 방법을 사용하는 금융구조는 그 가능성을 한층 높여줍니다. 다만 CDS, 브릿지론 등 많은 금융비용이 발생하는 단점이 있습니다.

그래서 최적의 조건은 실물자산을 매입하여 운용한 후, 수익률이 확정되면 매각하는 자산운용사들의 새로운 금융구조가 될 수 있으리라는 기대를 합니다.

청년임대주택의 1~2번의 성공사례가 비즈니스 실적으로 쌓이면 자산운용사에서 많은 참여를 하는 방식이 기본 금융구조로 자리를 잡을 듯합니다. 이유는 실물자산을 다루는 자산운용사들이 기대하는 수익률이 IRR기준으로 6-10%인데, 청년임대주택의 경우 매각 수익률을 포함하면 11-20%가 되기 때문입니다.

자산운용사의 입장에서는 확실한 수익형 자산이 되는 것이지요. 그

래서 최근에는 자산운용사, 리츠들이 적극적으로 청년임대주택 사업에
관심을 갖고 참여하고 있습니다.

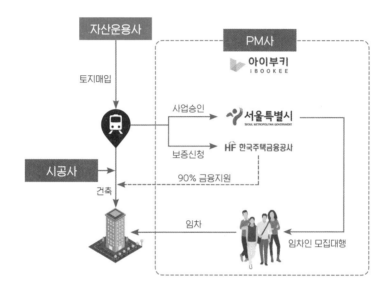

실물 자산 투자와의 비교

구분	실물자산	청년임대주택
Equity 회수	매각 시에 회수	준공 시 회수
투자금액	몇 백억 이상	몇 십억 ~ 최대 100억 이하
금융구조	선순위 : 대출(70%) 중순위 : 펀드(20%) 후순위 : Equity(10%)	선순위 : HF(90%) 후순위 : Equity(10%)
수익률	IRR 6~10%	IRR 11~20%
확정수익률	마스터 리스 확보 불안정성 오피스는 임대료 인하 가능성	주변 임대료의 93% 서울시 이차 보전 서울시 보증금 최대 5천만원 무이자 서울시 임차인 모집대행 서울시 공공주택 매입

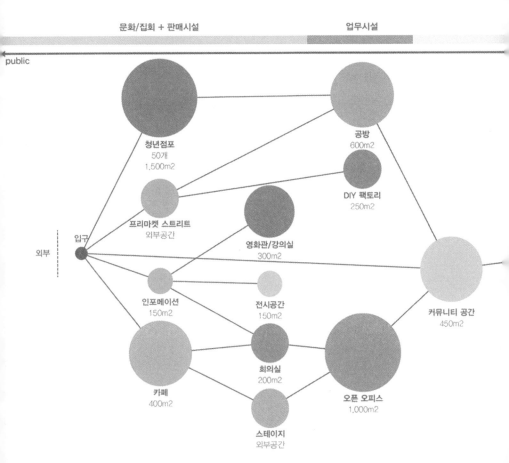

문화/집회 + 판매시설

업무시설

public

외부 : 입구

청년점포
50개
1,500m2

공방
600m2

DIY 팩토리
250m2

프리마켓 스트리트
외부공간

영화관/강의실
300m2

커뮤니티 공간
450m2

인포메이션
150m2

전시공간
150m2

회의실
200m2

카페
400m2

오픈 오피스
1,000m2

스테이지
외부공간

private

청년주택의 실제 IM

9

건 주택
0세대
00m2

청년임대주택의 실제 IM ▪

0. EXECUTIVE SUMMARY

- 본 사업지는 000 번지 총 2필지로 토지주는 1명 입니다.
- 본 사업지는 일반상업지역, 지구단위계획구역으로서 역세권청년 주택 서울시 사전심의 계획안을 기준으로 검토하였습니다.
- 본 사업은 인허가 기간 12개월이 예상되며, 계약금은 20% 잔금은 PF 후 지급 가능합니다.
- 2가지 사업참여 방안을 가정하였으며 1안) 펀드 자체사업으로 100% 자기자본 투자, 2안) Equity Fund에 대한 CDS(Credit Default Swap) 역할입니다.

1. 사업개요

구 분	내 용	비 고
사업명	OO역세권청년주택	
주소	서울시 동대문구 OO	2필지
지역지구	일반상업지역, 지구단위계획구역	
토지면적	439.2 평	836.0 ㎡
토지비	28,500,000 천원	64,886 천원/평
연면적	3,792.50 평	
건축공사비	18,962,515 천원	5,000 천원/평
건폐율	58.71 %	
용적률	799.18 %	
공급규모	청년주택 299 세대	민간 266, 공공 33 세대
	근생 전용 약 317 평	2개층

2. 입지 분석

항목	평가	
수요	최우수	CBD 지역 근무자들의 주거 선호도 높은 지역 주변 주요 대학들(고대, 경희대 등) 접근성 양호한 지역
공급	부족	소형 주거상품 밀집지역 인근 역 주변 공급 많지 않음 → 임차 및 투자수요 확보 용이
교통	우수	신설동역 초역세권, 동묘역 인근, 서울 중심 위치
생활편의시설	최우수	서울대병원, 고대 병원, 국립의료원 등 종합병원 多 CGV동대문, 대학로 등 문화집회시설 多 반경1~2km 외부에 대형마트 위치
자연환경	우수	반경 1km 이내 청계천, 동묘공원, 동대문역사문화공원, 숭인근린공원 등 위치
종합	최우수	CBD 최근접 주거지, 지하철초역세권으로 주변 대학교 1~2인 임차수요 풍부하여 소형주거상품 공급 사업지로서 최우수

3. 상품 구성

• 민간임대주택 266세대 - 임대 (단위:천원)

상품명	세대수	전용(평)	발코니(평)	실거주합계(평)	보증금	월 임대료
16 TYPE	182	4.92	1.50	6.42	56,000	380
30 TYPE	18	10.26	2.99	12.96	108,000	740
33 TYPE	63	10.86	2.99	13.85	114,000	790
합 계	266					

※ 민간 임대료는 주변 시세의 93% 수준, 보증금 비율 40%, 월세전환율 5.5%

• 공공임대주택 33세대 - 서울시 매입

상품명	세대수	전용면(평)	발코니(평)	실거주합계(평)	세대당 매각가	비고
16 TYPE	22	4.92	1.50	6.42	31,909	표준건축비
30 TYPE	2	10.26	2.99	12.96	64,841	표준건축비
33 TYPE	9	10.86	2.99	13.85	70,629	표준건축비
합 계	33				1,467,350	

• 근린생활시설 2개층 - 분양

층	매장수	전용면적(평)	전용 평당가	층별 분양가	비 고
지상 1층	13	147	45,000	6,615,000	
지상 2층	9	170	18,000	3,060,000	
합 계	22	317		9,675,000	

• 전체 매출액

	상품명	세대수	전용면적(㎡)	분양면적(㎡)	보증금	월임대료	계 보증금	계 월임대료
민간임대주택	16 TYPE	182	16.27	26.13	60,000	420	10,920,000	76,440
	30 TYPE	18	33.91	53.11	126,000	750	2,268,000	13,500
	33 TYPE	63	35.91	56.17	133,000	800	8,379,000	50,400
	소계	263					21,567,000	140,340

	상품명	세대수	전용면적(㎡)	분양면적(㎡)	준공 후 서울시에 매각 세대 총 매각비	준공 후 서울시에 매각 주차장 매각비	준공 후 서울시에 매각 총매각비
공공임대주택	16 TYPE	23	16.27	26.13	545,879	72,716	618,595
	33 TYPE	9	35.91	56.17	471,453	62,802	534,255
	소계	32					1,152,850

	층	전용면적	분양면적	보증금	월임대료
상가	1	500㎡	580㎡	1,629,000	16,620
	2	500㎡	680㎡	867,000	8,850
	소계	1000㎡	1260㎡	2,496,000	25,470

4. 사업성 검토

1안) 자체사업 - 100% 지분

[기본 구조]

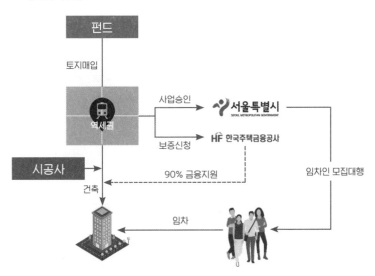

[Equity 산정]

구 분	CASH IN	CASH OUT	
투자금	0	5,700,000	토지비 20%
대출금액	0	0	브릿지론 금융비용(1년)
자기자본	6,800,000	0	투자 금융비용
시공사 대여	0	205,200	취득세
		100,000	설계비
		794,800	자기자본 충당금
합계	6,800,000	6,800,000	

Equity 산정	실제 투여금액	금융비용	서울시 인정 Equity
	6,800,000	0	6,800,000

[Cash Flow - Annual]

		2019-12-15	2019년	2020년	2021년	2022년
수입	119,002,567	–	–	4,349,180	5,688,828	7,182,410
공공임대 매각	1,135,528	–	–	–	1,135,528	–
상가 분양수입	13,092,000	–	–	4,189,440	3,665,760	5,236,800
서울시 이차 보전	1,530,841	–	–	159,740	159,740	159,740
민간임대주택 월 임대료	21,022,930	–	–	–	722,800	1,770,870
준공 후 자금운용 수익	148,750	–	–	–	5,000	15,000
주택매각 수익	78,669,000		–	–	–	–
현금청산	3,403,517					
지출	110,699,959	121,100	32,028,125	14,966,815	16,578,086	1,344,516
용지비 합계	29,081,400	–	29,081,400	–	–	–
건축비 합계	24,119,963	–	100,000	11,009,827	13,010,136	–
판매비 합계	1,096,212	–	–	904,046	192,166	–
일반부대비용 합계	1,700,553	20,000	200,000	832,253	668,300	–
용역비용 합계	540,000	–	4,000	286,000	250,000	–
제세공과금 합계	136,319	–	–	–	136,319	–
이자 합계	4,845,204	48,500	1,380,125	1,892,958	1,572,121	–
수수료 합계	1,262,600	52,600	1,262,600	–	–	–
중도금 무이자 지원	333,846	–	–	41,731	243,020	49,095
준공후 월 운영비 합계	9,582,862	–	–	–	506,024	1,295,421
임대운영후 부채청산	38,001,000		–	–	–	–
당기순이익	8,302,608		– 32,028,125	– 10,617,635	– 10,889,258	5,837,894
배당예상			–			806,877

[IRR, NPV]

1) 운영수익 30% 배당

구 분	지분율	IRR	NPV 8% 기준
시행사 (펀드)	100%	9.5%	441,011

2) 운영수익 30% 배당 + 매각수익

구 분	지분율	IRR	NPV 8% 기준
시행사 (펀드)	100%	19.2%	7,937,534

2024년	2025년	2026년	2027년	2028년	2029년	2030년	2031년
2,068,590	2,163,300	2,245,690	2,307,810	2,371,800	2,371,132	2,406,990	83,836,567
–	–	–	–	–	–	–	–
–	–	–	–	–	–	–	–
159,740	159,740	159,740	159,740	159,740	93,182	–	–
1,893,850	1,988,560	2,070,950	2,133,070	2,197,060	2,262,950	2,391,990	1,755,300
15,000	15,000	15,000	15,000	15,000	15,000	15,000	8,750
–	–	–	–	–	–	–	78,669,000
–	–	–	–	–	–	–	3,403,517
1,123,092	1,088,141	967,237	927,157	804,368	759,596	626,358	38,266,926
–	–	–	–	–	–	–	–
–	–	–	–	–	–	–	–
–	–	–	–	–	–	–	–
–	–	–	–	–	–	–	–
–	–	–	–	–	–	–	–
–	–	–	–	–	–	–	–
–	–	–	–	–	–	–	–
1,123,092	1,088,141	967,237	927,157	804,368	759,596	626,358	265,926
–	–	–	–	–	–	–	38,001,000
945,498	1,075,159	1,278,453	1,380,653	1,567,432	1,611,535	1,780,632	45,569,641
691,871	812,200	792,735	825,211	902,331	928,733	983,775	45,569,641

2안) CDS - 수수료 4% + 10% 지분

[CDS 금융 구조]

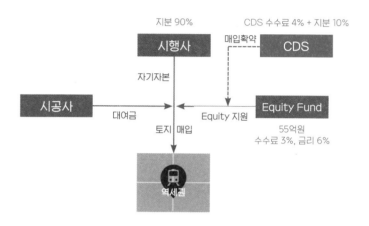

[Equity 조달 조건]

구분	Equity Fund	CDS	시공사
금리	6.0%		
취급수수료	3.0%	4.0%	
대출기간(YEAR)	3.0	1.0	1.0
신탁순위	2.0		2.0
기초자산	담보신탁		
현금흐름	상가+보증금	수익배당+자산매각	상가+보증금
신용보강	승인서		

[조달금액 및 금융비]

Equity Fund			
대출금액	5,500,000		
금리	6.0%		
전체이자	990,000	36.0	개월
취급수수료	165,000	3.0%	
CDS			
보증금액	5,500,000	3	년
취급수수료	220,000	4.0%	시행사
금융자문수수료	55,000	1.0%	ELA Partners
Fund 금융 비용	1,430,000		

[Equity 산정]

구 분	CASH IN	CASH OUT	
Equity Fund	5,500,000	5,700,000	토지비 20%
Bridge Loan	0	0	브릿지론 금융비용(1년)
자기자본	1,000,000	1,430,000	투자 금융비용
시공사	1,800,000	205,200	취득세
		136,530	설계비
		828,270	자기자본 충당금
합계	8,300,000	8,300,000	
Equity 산정	실제 투여금액	금융비용	서울시 인정 Equity
	8,300,000	1,430,000	6,870,000

[IRR, NPV]

1) 운영수익 15% 배당

구분	지분율	IRR	NPV 8% 기준
시행사	90%	18.4%	672,997
CDS	10%	–	305,741

2) 운영수익 15% 배당 + 매각수익

구분	지분율	IRR	NPV 8% 기준
시행사	90%	33.6%	7,632,214
CDS	10%	–	1,078,988

	합계	2019년	20-12-25	2020년	2021년	22-12-25	
Cash In	213,221,157	32,900,000	355,080	35,442,076	42,510,491	143,080	6
선순위 자기자본	300,000	300,000		–	–		
부동산펀드 자기자본	300,000	300,000		–	–		
후순위 equity loan	10,600,000	10,600,000		–	–		
브릿지론	21,700,000	21,700,000					
은행대출	49,800,000	–		33,261,990	16,538,010		
상가 분양수입	8,877,000	–	355,080	1,952,940	3,284,490		3
공공임대 매각	1,135,727	–		227,145	908,581		
민간임대주택 보증금	29,398,000	–		–	21,508,000		1
민간임대주택 월 임대료	19,237,680	–		–	270,160	141,830	
준공 후 자금운용 수익	148,750	–		–	1,250	1,250	
주택매각 수익	71,724,000	–		–	–		
Cash Out	169,047,708	30,820,351	1,474,793	31,861,156	42,167,451	116,759	
선순위 자기자본 상환	300,000	–		–	300,000		
후순위 equity loan 상환	10,600,000	–		–	10,600,000		
부동산펀드 자기자본 상환	300,000	–		300,000	–		
은행대출 상환	35,333,497	–		–	10,458,000		
브릿지론 상환	21,700,000	–		21,700,000	–		
토지관련 [소계]	29,132,370	29,132,370	–	–	–	–	
건축비 [소계]	24,119,935	760,839	1,303,832	6,567,735	16,791,361	–	
판매비 [소계]	752,943	–	60,660	491,668	261,276	–	
일반부대비용 [소계]	1,318,519	–	20,000	630,219	688,300	–	
용역비용 [소계]	544,000	4,000	–	286,000	254,000	–	
제세공과금 [소계]	136,365				136,365	–	
이자 [소계]	3,825,300	711,142	89,303	1,834,736	2,395,053	– 11,868	–
취급수수료 [소계]	261,800	212,000	–	49,800			
중도금 무이자 지원	176,430	–	999	999	94,540		
준공 후 월 운영비 [소계]	11,148,549	–	–	–	188,556	128,627	
민간임대주택 보증금 반환	29,398,000	–		–	–		
기말 보유 현금		2,079,649	5,660,569	5,660,569	6,003,609	10,850,903	1
완공후 대출잔액		–		–	39,342,000	39,342,000	3
LTV					66.8%		

5. 수익 분석 – 펀드

구 분	수익, 지분율	배당 대상	배당률	IRR	NPV 8% 기준
자체사업	지분 100%	임대 수익	30%	9.5%	441,011
		임대수익 + 매각 차익	30%	19.2%	7,937,534
CDS	지분 10% 수수료 4%	임대 수익	15%	–	305,741
		임대수익 + 매각 차익	15%	–	1,078,988

- 펀드 등을 활용한 지분 100% 자체사업 시 IRR 9.5 ~ 19.2% 수준으로 매우 양호합니다.
- CDS 참여 시 수익 규모는 작지만 인허가 Risk가 매우 낮아 안정적 수익이 기대됩니다.
- 어떠한 형태로든 사업참여 시 안정적 수익 구조가 예상되며, 정부 시책에 부응할 뿐만 아니라 사회 공헌의 역할도 할 수 있을 것으로 판단됩니다.

년	2024년	2025년	2026년	2027년	2028년	2029년	2030년	2031년
,200	2,912,840	3,058,200	2,696,560	2,777,200	2,859,540	2,944,680	3,032,640	73,582,700
–	–	–	–	–	–	–	–	–
–	–	–	–	–	–	–	–	–
–	–	–	–	–	–	–	–	–
–	–	–	–	–	–	–	–	–
–	–	–	–	–	–	–	–	–
000	1,150,000	1,208,000	761,000	784,000	807,000	831,000	856,000	–
,200	1,747,840	1,835,200	1,920,560	1,978,200	2,037,540	2,098,680	2,161,640	1,846,200
000	15,000	15,000	15,000	15,000	15,000	15,000	15,000	12,500
–	–	–	–	–	–	–	–	71,724,000
,540	3,527,478	3,044,392	2,989,190	2,762,487	2,701,340	2,858,983	2,927,945	32,188,659
–	–	–	–	–	–	–	–	–
,951	2,421,682	1,976,646	2,031,188	1,832,150	1,877,497	2,038,556	2,105,681	2,227,148
–	–	–	–	–	–	–	–	–
–	–	–	–	–	–	–	–	–
–	–	–	–	–	–	–	–	–
,421	– 142,421	– 142,421	– 142,421	– 142,421	– 142,421	– 118,684	–	–
–	–	–	–	–	–	–	–	–
010	1,248,218	1,210,167	1,100,423	1,072,758	966,263	939,111	822,265	563,512
–	–	–	–	–	–	–	–	29,398,000
563	2,694,925	2,708,732	2,416,103	2,430,816	2,589,016	2,674,713	2,779,408	44,173,448
049	28,555,368	26,578,722	24,547,534	22,715,384	20,837,887	18,799,331	16,693,650	14,466,503
9.6%	44.4%	40.1%	36.0%	33.0%	29.9%	26.7%	23.5%	20.2%

6. 추진 일정

[전체 사업 일정]

• 인허가 12개월 이내, 시공기간 24개월, 임대운영 10년 예정

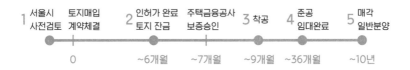

• 서울시 사전 검토

– 역세권청년주택 사업의 신속하고 안전한 진행을 위해 사전검토 제도 신설

– 인허가 담당자들이 역세권청년주택 사업 프로젝트에 대한 사전 검토를 진행하며, 검토 결과에 따라 프로젝트 진행 시 인허가 가능성이 매우 높음

– 서울시와 주택금융공사(HF), 시중은행 간 역세권청년주택을 위한 금융지원 MOU 체결된 상태이며 서울시 인허가 완료 시 HF 보증을 통한 대출이 매우 용이할 것으로 판단됨

• 토지 잔금 납입

서울시 인허가 완료 시 대상 토지의 용적률 상승으로 토지 가치 상승

• 착공

– 착공 시점에 HF 보증을 통해 시중은행으로부터 총 사업비의 90% 대출 실행

– 시공사의 책임 준공

• 상가 분양대금 + 보증금 수령 (토지 매입 계약 체결 후 최대 36개월 후)

– HF 대출 중 20%이상 상환

– Equity Fund 원리금 전액 상환

• 매각

– 임대 완료 후 법인 매각 가능

– 임대사업자, 임대주택리츠 등 다양한 매수자 옵션 고려 중

Risk 분석

구 분	주요 내용
인허가 Risk	• 사전 검토 완료 후 실제 인허가 실패 사례 없음
자금조달 Risk	• 서울시 인허가가 완료되면 HF보증서 발급 • 금리 3.65% / 준공 시 20% 이상 상환, 이후 10년 운영기간동안 분할 상환
시공 Risk	• 신용등급 BBB이상, KB신탁사 책임준공, 적정 시공사의 책임준공 • HF보증으로 시공사는 공사비 안전 확보 가능
공실 Risk	• 입주시 서울시가 임차인 모집을 대행하므로 매우 낮은 공실률 예상 • 인근에 비하여 역세권 위치 우위, 시설 우위임에도 시세의 93% 수준 임대료

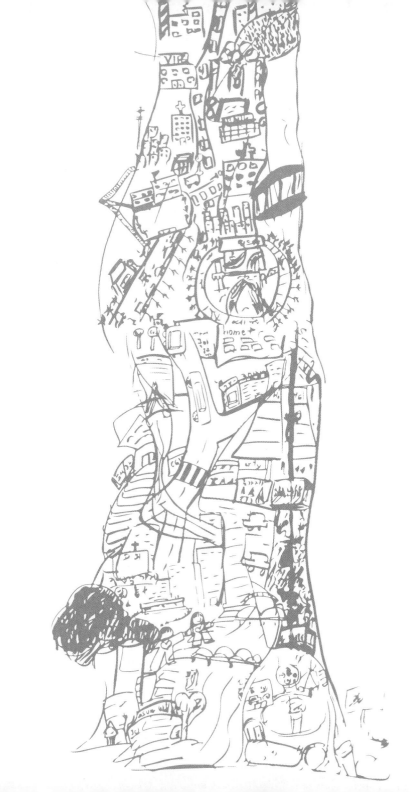

지주 공동사업 사례

10

지주 공동사업 사례 ▪

저희가 서울에 있는 역세권의 토지 180평의 지주에게 제안한 내용입니다.

초기 투자에 들어가는 비용은 다음과 같습니다.

구 분	항 목	금액 (천원, VAT 별도)	비 고
초기 투자금	도시계획 용역비	100,000	지구단위계획 변경
	설계비	100,000	건축설계비 70% (인허가까지)
	합 계	200,000	인허가 기간 1년

지주 수령(회수) 가능 금액은 다음과 같습니다.

• 인허가 시 60억원 + 준공 후 임대1년차 42억원 총 102억원 회수 가능(하자 20억원 포함)

• 임대 2년차부터 1년에 약 3억원씩 임대수익 수취 가능

• 임대 10년차 건물 매각 시 약 73억원 수취 가능

구 분	지주 수령 가능금액	비 고
인허가 후	6,000,000	토지 100억 평가 시(하자 20억원 포함)
임대 1 년차	4,200,000	토지비 잔여 40억원 + 인허가비 2억원
임대 2 년차	300,000	
임대 3 년차	300,000	
임대 4 년차	300,000	
임대 5 년차	300,000	
임대 6 년차	300,000	
임대 7 년차	300,000	
임대 8 년차	300,000	
임대 9 년차	300,000	
임대 10 년차	7,340,122	
총 합계	19,940,122	

결론적으로 180평의 작은 땅을 지주가 원하는 137억원에 매입하여 사업을 하는 것은 불가능합니다. 토지주가 직접 사업 시 토지주는 1년후 60억원, 준공후 42억원, 이후 매년 3억원씩 배당을 받고, 10년 후 매각하여 74억원을 회수하여 전체적으로 200억원의 자본이득을 취할 수 있지요.

청년임대주택 논쟁

11

청년임대주택 논쟁 ▪

제가 블로그에 청년임대 주택에 대한 토론방을 개설하니 그 방에 나온 이야기들입니다. 우선 비판론측의 이야기는 다음과 같습니다.

결론부터 말씀드리면 저는 이 사업의 목적과 취지가 무엇인지 잘모르겠습니다. 과연 청년들이 원하는 주거 조건이 초역세권일까요? 청년들의 주거환경 개선, 임차인으로서의 지위(저렴한 임차료 포함)와 주거 안전보장들의 주택 시장 문제를 먼저 들여다보는 것에 포커싱이 되지 않고, 청년들도 초역세권에 좋은 조건으로 살게 해주겠다는 다소 정치적, 보여주기식 탁상행정으로 밀어 부치는 것이 아닌가 하는 생각이 먼저 듭니다.

이는 무엇보다 전형적인 공무원 발상이라고 봅니다. 구체적으로 말씀드리기 전에 마케팅의 관점에서 생각해보면 문제점은 더욱 드러납니다. 타겟을 사회적 자립 기반이 취약한 청년(신혼부부)들로 맞추었지만 이들의 니즈가 역세권에 사는 것은 아니라는 겁니다. 주변시세 대비 훨씬 저렴하고 단기가 아닌 장기적인 주거지원이 가능하다면 굳이 역세권이 아니어도 된다는 것입니다. 제가 마케팅에서 가장 중요하다고 생각하는 것이 타겟팅인데, 벌써 타겟팅 단계에서 이들의 니즈와 원츠 모두 읽지 못하고 있는 겁니다. 타겟팅이 안된 마케팅은 필패입니다.

현실적으로도 해결해야 할 문제들은 많은데 해결책은 만만치 않은 것들이 대부분입니다. 주변대비 임대료를 낮춘들 말그대로 주변시세 기준이면 여전히 청년세대가 감내하기에는 비쌀 수밖에 없는 구조입니다. 파격적인 공공지원이 없는 한 토지비가 비싼 역세권에서 청년들을 위해 짓는다는 것은 모순입니다.

더군다나 의무임대기간은 8년으로(소수 남아있더라도) 이 기간이 끝나면 사실상 민간이 운영하게 됩니다. 그야말로 건축 전부터 엄청난 금융, 세제지원이 들어가는데 알짜배기 역세권 땅에 8년 뒤엔 분양전환이라는 사업출구까지 마련해주는 것이죠. 역세권이라는 뛰어난 입지에 종 상향까지 된 노른자 건물을 활용해서 어떻게든 수익을 확보할 겁니다.(사업자를 비판하는 건 절대 아닙니다. 비즈니스적으로는 이보다 더 좋은 사업이 있을까 싶으니까요)

공공임대주택의 중요한 요건인 '공급의 안정성'이 마련되지 않은 상태에서 과연 누구를 위한 주택인가를 생각해보지 않을 수 없는 이유입니다.

아침부터 제가 너무 흥분했네요. 저는 선생님께서 서울시가, 박원순 시장이, 공무원들이 미처 생각하지 못한 문제점까지 같이 생각하며 이 프로젝트를 진행하실 수 없을까 하는 바램으로 무작정 써봅니다.

옹호론측의 의견은 다음과 같습니다.

타케팅 미스에 대하여

청년들이라고 역세권에 비싼 임대료를 지불하고서라도 살려고 하는 니즈는 아주 많다. 심지어 150만원을 지불하고 사는 1인 가구 청년들도 많다.

시행사들의 이익

이것은 맞다. 돈 있는 시행사들이 참가해 일단 사업승인이 나면 자산운용사에 비싼 가격에 팔아 넘기는 사례가 있다. 따라서 청년들에게 좋은 주택 서비스를 제공하지 못하고 수익만 바라보는 시행사들이 많은 것은 사실이다.

역세권

서울시가 역세권을 주장하는 이유는 청년들이 차량으로 이동하는 것이 아니라 대중교통 이용을 편하게 하기 위해서 그런 것이다. 청년임대주택은 법이 개정되어 세대당 0.25대 주차공간이 필요하게 되어 있다. 그리고 이런 것은 추후에 시행사가 빌딩을 매각하려면 0.5대로 상향해야 하지만 매각을 할 수 있으므로 시행사의 빌딩매각에 장애물이 될 것이다.

청년임대주택 건설에 반대하는 시민들의 입장

임대료가 싸지면 일반 사람들의 빌라, 도심형 생활주택은 가격하락을 불러온다, 나의 수입이 줄어드는데 찬성할 주민이 있겠는가?

청년임대주택 운영사 대표의 입장

1. 타켓팅 미스에 대하여

이 부분은 반대의견이 좀 있습니다. '주변 시세 대비 저렴하고 장기적인 주거가 가능하면 역세권이 아니어도 된다'면 외곽에 LH에서 세대당 억단위 손해를 보면서 운영중인 임대주택은 저렴하면서도 장기거주할 수 있는데 왜 그다지 인기가 없을까요? 반면에 주요 역세권에 여건이 열악한 고시원이나 반지하 주택은 전용면적당 계산하면 아주 비싼 임대료인데도 많은 청년들이 열악

하게 거주하고 있습니다.

이것만 봐도 니즈와 원츠는 맞는 방향이라고 봅니다. 앞으로 다가올 미래에 인구가 일부 감소한다고 해도 청년들은 기회를 찾아 서울로 진입할 수밖에 없는 구조이고 교통이 편리한 역세권 소형주택의 수요는 늘어날 수밖에 없다고 예상합니다. 일본의 사례를 봐도 그렇습니다.

2. 주변대비 임대료를 낮춘들 주변시세 기준이면 여전히 청년들이 감내하기 비싸다

이 부분은 공급관점에서 바라봐야 한다고 생각합니다. 앞서 이야기했듯이 역세권의 주변시세가 비싼 이유는 공급대비 수요가 많고 앞으로도 수요는 늘어날 수밖에 없는 구조이기 때문입니다. 이에 역세권 위치에 용적률을 높여 주택을 대량 공급하면 앞으로 '주변시세' 상승 자체를 억제하는 효과가 있다고 봅니다. 같은 가격이면 쾌적한 원룸 살지 반지하나 고시원 들어갈 리는 없으니까요. 참고로 청년주택은 녹색건축 의무 대상으로 일반 원룸 건축물보다 상대적으로 매우 쾌적하다고 봐야 합니다.

추가로 실무적으로 보면 서울시에서 임대업자에게 운영을 반전세로 강제해서 실제 내는 월세는 더 저렴한 것으로 알고 있습니다.(복잡한 프로세스가 있는데 설명하면 너무 길어 간단하게만 씁니다)

그럼 돈 없는 청년들이 보증금은 무슨 수로 마련하느냐고 물을 수 있는데 청년주택에 들어가는 반전세 보증금을 초저리로 대출 받을 수 있도록 보증을 해주는 것으로 알고 있습니다. 이에 대출이자+월세는 기존시세 대비 상당히 저렴한 것으로 알고 있습니다.

3. 탁상행정이 아니냐

먼저 청년주택 구조가 이렇게 나온 배경을 알 필요가 있다고 봅니다. 이상적으로만 보면 서울시나 정부에서 청년들이 원하는 주요 역세권에 직접 시행하여 공공임대하는 것이 가장 좋겠죠. 하지만 한정된 예산으로는 의미있는 공급을 할 수가 없습니다. 이에 예산 들이지 않고 용적률을 풀어주어 제한된 임대료로 일정 기간 이상 의무 임대하도록 한 것으로 보입니다. 물론 왜 꼭 청년만이냐? 왜 8년이냐에 대해서는 정치적인 논쟁이 있을 수밖에 없습니다. 제가 보기에 도 정무적인 판단이 일부 들어간 듯하고요.

다만, 제가 시행을 하면서 느낀 점은 탁상행정은 아니고 시에서 나름 고심은 하고 짠 것으로 보여진다는 겁니다. 즉 너무 단기간에 개발업자가 대박을 터트 리면 역풍이 있을 것이고 수익이 떨어지고 투자에 대한 회수가 영원히 없다면 아무도 이 사업을 하지 않을 것입니다.

한정된 예산과 이미 비싼 역세권 토지값을 기준으로 현재 문제가 되는 청년들 의 주거문제를 해결하기 위한 현실적인 고심은 공무원들이 해서 나온 아이디 어라고 생각합니다.

4. 시행사 이익

이 부분은 일정부분 이견이 있을 수 있습니다. 다만 시행사의 이익이 아예 없 이 진행하거나 투자에 대한 회수 자체를 막게 되면 어떤 시행사도 동 사업을 할 수가 없습니다. 그럼 제아무리 보증이 있어도 금융도 풀어내기 어렵고 건축 행위도 어려울 것으로 생각합니다.

준공 이후 자산운용사에 매각하는 시행사의 경우도 시각을 달리 봐야 할 필요 가 있다고 봅니다. (참고로 저희는 나중에 임대운영까지 하도록 구조를 짰고 다른 의도는 없음을 먼저 밝힙니다) 토지매입과 종상향, 건축인허가, 건축행 위 모두 수많은 변수를 안고 진행하는 리스크가 큰 개발사업이고 준공 이후는 안정적인 임대가 보장되는 낮은 리스크의 임대사업입니다.

굳이 비유하자면 바이오 전문가들이 창업해서 신약을 개발하고 있는 벤처회 사는 높은 리스크를 감내하는 자본이 투자하게 되고, FDA승인을 받게 되면 그 회사는 큰 제약회사에 인수되며 엑시트 되고 안정적인 배당을 요구하는 자본에 넘어가게 되는 것과 크게 다를 것은 없지 않을까 싶습니다.

아직 국내에서는 개인이 분양받는 시장이니 어색할 수 있지만 해외의 경우는 시행사가 개발을 하고 준공 후 임차인을 맞추고 수익을 기준으로 물건을 자산운용사에 매각하는 것이 일반적인 것으로 알고 있습니다.

또한 매각한다고 주변시세 대비 저렴하게 8년간 의무 임대해야 하는 조건이 바뀌는 것도 없습니다. 개발에 특화된 시행사가 8년간 자금이 묶인 채 무조건 임대를 해야 한다면 개발에 전문성을 지닌 직원들을 모두 내보내고 임대 관리하는 직원으로 다시 뽑아야 하는 비효율이 있지 않을까요?

실제 동사업에 관심이 있던 몇몇 시행사가 8년간 의무임대 때문에 포기한 경우가 있기도 합니다. 기존 의무임대 조건을 유지하는 선에서 엑시트를 할 수 있도록 해서 많은 시행사가 참여해서 빠르게 주택공급을 늘리는 것이 애초의 취지에도 맞지 않을까 싶습니다.

저는 개인적으로 문제는 청년주택이 가능한 토지의 지주가 상황을 알고 미리 토지가를 올려버려 사업성이 괜찮은 토지들이 시장에서 사라지고 있다는 점이 문제가 아닐까 싶습니다. 이렇게 되면 토지가만 올라가고 서울시 계획대로 공급은 되지 못하는 최악의 상황이 될 수 있으니까요. 이런 상황이다 보니 저는 요즘 역으로 토지주 분들로부터 PM으로 청년주택 개발을 해달라는 연락을 꽤 많이 받고 있기도 합니다.

5. 청년임대주택 건설에 반대

저렴하면서도 새로 지어진 임대주택이 많이 공급되면 시세가 하락하고 공실이 있을 수 있어 주변 임대사업자들은 기득권이 침해 받았다고 반대하는 경우가 있죠.

지자체장 입장에서는 이런 주민들 반발을 감수하면서도 진행하는 사업으로 보여집니다. 이 역시 어느 정도 정치적이고 정무적인 의사결정이었지 않을까 싶습니다.

어느 신혼부부의 입장

주거 취약 계층의 니즈는 단기가 아닌 장기적 지원이며 굳이 역세권일 필요가 없다는 제자분의 말에는 전 전혀 공감하지 않습니다. 저는 신혼부부로 아이를 하나 키우고 있으며, 제가 전세집을 알아볼 때 가장 먼저 체크한 것은 역세권인가 역에 얼마나 걸리느냐가 첫번째였습니다.

다만, 이번에 정부가 추진하는 것 중 민간에 의한 8년 후 공공분양에 대한 문제에서 하나의 의문이 듭니다. 처음부터 공공이 주도해 땅을 매입해 장기적으로 사용할 수 있는 방향으로 전환한다면, 과연 그게 우리의 세금을 절약할 수 있냐는 말입니다.

민간 분양전환이 가능하게 해야 그 점을 미끼로 동참해주는 민간이 있을 것입니다. 처음부터 정부의 자본만 투자해 정부가 주도적으로 하는 것과 민간과 함께해 추후분양을 하는 방법 중 비용적인 것을 계산해 어떤 게 더 이득인지 따질 문제라고 봅니다.

그리고 한 신혼부부로서 전 역세권의 임대주택이 주는 의미가 크다고 생각합니다. 돈 없는 청년들은 그저 교통 안 좋은 곳에 장기로 살 수 있는 곳을 찾아야 되나요? 이런 정책이 없으면 취약계층에게 역세권은 그저 꿈일 겁니다. 저는 이 정책이 취약계층들에게 하나의 본보기이자 희망일 수 있다고 생각됩니다.

여의도 김박사 의견

제가 사회적기업과 청년임대주택에 관심을 가지는 가장 큰 이유는
1) 거시경제학적으로 우리나라 사회가 이제 변곡점을 맞을 것이라는 것과

2) 자본주의가 대량생산 대량소비를 필요로 했던 산업자본주의에서 화폐를 통한 금융자본주의로 바뀌고,

3) 이제는 더 이상 생산성과 소비성을 높일 수 있는 한계에 다다랐다고 생각하기에

4) 생산과 소비의 균형을 맞추려면 개인들의 가처분 소득을 늘려야 하는 시대가 왔다는 생각 때문입니다.

5) 가처분 소득을 늘리기 위해서는 가장 많은 비율을 차지하는 주거비의 부담이 줄어야 하고

6) 그런 이유로 임대주택이 보편화 될 것이며

7) 임대주택 간의 경쟁을 위해서는 콘덴츠가 있는 주택(반려인 공동체주택 등)이 필요한 시점이 올 것이고

8) 자기관리형 임대주택, 위탁관리형 임대주택 등이 등장하고 단순 분양대행사가 아닌 주거 관리가 뜰 것이라는 예측을 한 것입니다.

청년임대주택의 폐해

12

청년임대주택의 폐해 ▪

많은 분들이 청년임대주택 사업을 자기자본은 최소화하고 이익을 극대화하는 일반 시행업으로 생각을 하더군요. 청년임대주택은 일반 시행업보다 사실은 더 많은 자본이 투여되어야 합니다. 일반 시행업이 자기자본 5% 미만으로 하는 사업이라면, 청년임대주택은 자기자본이 10% 이상 투여되어야 하는 사업입니다. HF에서 90% 사업비를 조달한다고 해도 최소 자기자본이 10%가 되어야 하는 문제점이 있지요.

구 분	일반시행업	청년임대주택
자기자본	5% 이하	10% 이상
금융구조	PF	HF
분양성	변동성 큼	확약
대주단 상환	준공후 100% 상환	준공후 LTV 70%안에서 담보대출 전환
임대운영	없음	임대운영 기간 8년 이상
수익	준공후 자기자금 및 수익 회수	준공후 자기자금 회수, 배당수익 및 운영종류 후 매각 수익

위와 같은 차이가 있어서 실제로 청년임대주택 사업은 일반 시행업을 염두에 둔 사람들은 접근하기가 실제로 어렵습니다. 사회적기업들이 서울시, LH공사 등 공공섹터와 거버넌스를 통해 사회임대주택을 공급하고 운영한 노하우가 없으면 실제로 임대 운영할 수 없기 때문입니다.

청년임대주택은 자산가들, 토지주들이
1. 개발 사업을 하기에는 어려움이 있고,
2. 자기의 자산을 오랜 기간 안정적인 운영을 하고
3. 임대운영 및 서울시 승인, HF자금조달의 경험이 있는 기업에게 맡겨 할 수 있는 사업입니다.

또는 정말로 운 좋게 토지주가 토지비의 90% 이상을 유예하고 나중에 토지비를 회수하는 것이 아니라면 할 수 없는 사업이지요. 그리고 앞에서도 언급한 바와 같이 서울시 승인, HF 자금조달, 운영의 경험이 없는 초보자 PM들은 할 수 없는 사업입니다.

저희에게 사업수지분석 등을 요구하시는 많은 분들이 있지만, 절대로 성공하기 어려운 사업입니다. PM으로 자본적 이득을 취하려는 분들은 자기 혼자의 힘으로 위에서 언급한 모든 능력을 갖추어야 합니다. 세상에 일확천금은, 손쉽게 남의 힘으로 돈을 벌 수 있는 일은 없으니까요.

청년임대주택에 대한 공부를 하면서 제가 느낀 최고의 어려움은 바로 임대 운영에 대한 노하우입니다. 어떻게 커뮤니티COMMUNITY를 만들고 어떻게 입주자들에게 양질의 서비스를 제공할 수 있는가에 대한 공부가 먼저입니다. 왜냐하면 말 그대로 청년임대주택이기 때문이지요.

임대주택에 대한 노하우가 전혀 없는 사람은 절대로 해서는 안 되는 사업입니다. 일단 사업을 해서 자본 이득을 취하는 것만을 목적으로 하는 사업은 제가 단언컨대 절대로 성공할 수 없습니다.

대부분의 사회적기업이 임대를 통한 사회적 기여에 더 많은 가치를 부여하고 본인들이 해온 임대사업의 노하우를 통해서 어떻게 임차 청년들의 공동체를 만들 것인가에 많은 시간을 투여합니다.

이것이 불나방처럼 사업적 이익만을 도모하는 일반인들과 차별화되는 포인트입니다.

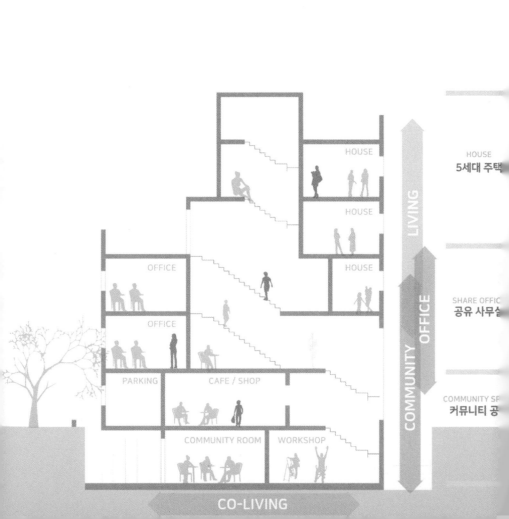

HOUSE

HOUSE

HOUSE

OFFICE

OFFICE

PARKING

CAFE / SHOP

COMMUNITY ROOM

WORKSHOP

LIVING

OFFICE

COMMUNITY

HOUSE
5세대 주택

SHARE OFFIC
공유 사무실

COMMUNITY SP
커뮤니티 공

CO-LIVING

임대주택 관리서비스가 뜬다

13

임대주택 관리 서비스가 뜬다 ▪

1990년에 세워진 아파트는 2020년에는 재건축 대상이 됩니다. 도시재생이나 재개발을 해야 하지요. 하지만 이는 주요 지역의 아파트에는 해당되겠지만 다른 지역은 그대로 슬럼화되기 시작할 수 있습니다.

사업수익이 나오지 않는 재개발지역은 시행사, 시공사들에게 외면을 받게 됩니다. 특히 신도시 아파트 등은 문제가 심각해질 수 있습니다.

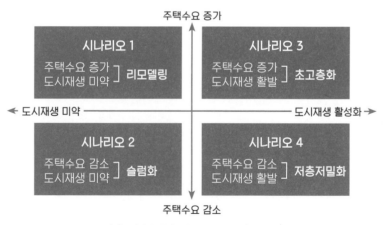

출처 : 미래의 아파트라는 주제로 발표한 논문, 국토개발연구원, 2010년

서울 아파트, 준공 후 얼마나 지났나 단위 : 단지

5년 미만	5~9년	10~14년	15~19년	20~24년	25년 이상
354단지	983	921	530	307	438
10.0%	27.8%	26.1%	15.0%	8.7%	12.4%

* 2013년 서울시 3533개 단지 전수조사

서울시 준공 30년 넘은 아파트 가구 수 변화 단위 : 가구

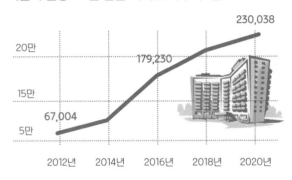

230,038

20만

179,230

15만

67,004

5만

2012년   2014년   2016년   2018년   2020년

지은 지 30년 넘은 아파트 수 단위 : 가구

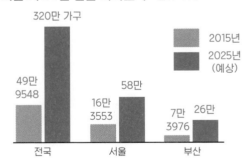

320만 가구

49만
9548

16만
3553

58만

7만
3976   26만

2015년
2025년
(예상)

전국   서울   부산

그런데 고령화 저출산, 그리고 인구감소 및 1인가구 증가로 인해 부동산 수요는 점점 줄어들 가능성이 높습니다. 그러면 오래된 아파트들은 재개발, 도시재생이 안 되는 경우 슬럼화가 빠르게 진행될 수 있습니다.

서울시 및 전국의 지방자치단체는 도시재생을 위해 많은 연구를 하고 있지요. 청년 스타트업의 거리, 문화 재생 거리 등등 많은 노력을 기울이고 있습니다. 시행사나 시공사는 무조건 재개발을 통해 사업의 수익을 올리고자 노력하지만 이것도 제한적일 수밖에 없습니다.

건물의 노후화가 가속화되는 이유는 생활지원시설이 없어지고 실수요자가 다른 지역에 살고 있고 매매수요 감소, 고용감소 등으로 해당 지역이 침체하기 때문입니다. 재개발은 건물 소유자 및 임대인들의 합의가 필요한데 이것이 정말 어렵기 때문이지요.

최근에는 롯데, 대우 같은 대기업들이 임대관리 시장에 진출하고 있습니다. 일본은 임대관리 시장이 무척이나 활성화되어 있습니다.

임대관리 회사는 다음 두 가지로 나누어 집니다.

1. 자기 관리형
임대인에게 고정수익을 보장, 회사가 임대인에게 전대하여 운용

2. 위탁 관리형
공실에 대한 책임 없으나, 공실관리, 시설관리, 청소, 세입자관리 등등

위탁관리는 현재의 오피스 관리와 비슷한 구조입니다. 하지만 선진국형 임대관리는 자기 관리형입니다. 자기관리는 임대인(소유자)에게 임대료를 확정해서 지불하고, 나머지 수입은 본인들의 수입이 됩니다. 따라서 건물의 리모델링 및 기타 건물의 가치를 높이기 위한 많은 노력을 하게 됩니다.

1) 임차인에게 저렴한 대출 서비스
2) 승차 공유 서비스
3) 세탁 및 청소 서비스
4) 조식 및 기타 서비스 제공

등등의 임차인 유치를 위한 다양한 노력을 하게 되지요.

일본은 부동산 버블이 꺼진 후 주택은 소유가 아닌 임대의 개념이 커지게 되었습니다. 현재 일본 아파트의 80%가 기업형 임대관리를 받고 있습니다. 일본 회사 2곳은 이미 한국에 진출을 했습니다.

김현미 장관의 말대로 주택은 '사는 것(BUYING)이 아닌 사는 곳(LIVING)'이 될 것입니다. 따라서 주택 임대산업은 빠르게 성장할 것이라 저는 예상을 합니다.

청년임대주택은 부지를 확보하고 개발 시행을 하는 일이 중요한 것이 아닙니다. 정말 중요한 것은 준공 후 어떻게 임차인들에게 서비스를 제공하고 컨텐츠를 제공하느냐에 달려 있습니다. 따라서 자본이득만을 보고 시행업을 하는 사람은 반드시 실패를 경험하게 됩니다.

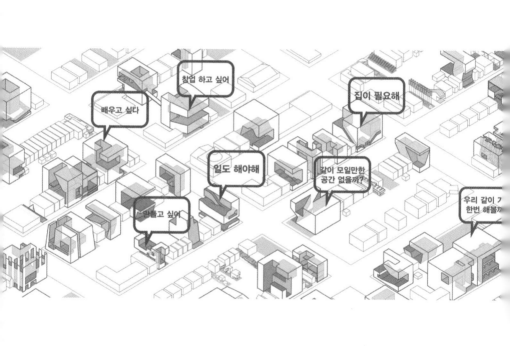

임대 서비스와 사회적기업

14

임대 서비스와 사회적기업 ▪

　제가 한국에서 만나본 기업들 중 전문적으로 부지를 매입하여 건물을 신축하고 임대서비스를 제공하는 기업들이 있더군요. 사업비는 자산운용사의 펀드나 크라우드펀딩에서 조달하고 운영수입의 수익률을 근간으로 사업을 영위하는 기업들이 있습니다. 자기 관리형 임대서비스 업체들입니다.

　다만 이들은 대개 이미 준공된 건물을 대상으로 리모델링을 하거나, 또는 건물을 신축 개발해서 사업을 영위하는 기업들입니다. 사회적기업들은 조금 다르게 임대서비스업을 영위하더군요. 국토부, LH, 서울시 등 지자체의 토지를 15~40년 임대하고, 자기자본 10%를 투입한 후, HUG나 HF에서 90%의 사업비를 융자하여 건물을 신축하여 임대 운영합니다.

　아이부키라는 사회적기업이 대표적인 사례입니다. 말이 사업이지 제가 보기에는 거의 사업성이 없더군요. 이유는 자기자본 10%를 채워야 하고, 공공에서 임대료를 시세 이하로 책정하기를 요구하기에 거의 수익이 나지 않습니다. 그래서 일반 기업은 참여를 꺼려하고 사회적기업들이 봉사한다는 정신으로 참여하더군요. 금융인인 제가 보기엔 거의 노예생활에 가깝습니다.

다만 사회적기업들은 수년 간 이런 서비스를 해오다 보니 나름 임차인 커뮤니티를 운영하는 노하우를 축적하게 되었지요. 그래서 최근 공공에서 다양한 공공지원 민간임대주택 시범 사업을 하면서 사회적기업에 우선권을 부여하는 이유는 바로 이런 임차인 서비스에 대한 전문적인 노하우 때문으로 보입니다.

일반 시행사는 자본이득에만 눈을 돌리고 임차인 서비스는 나 몰라라 하기에 추후에 임차인들에게 수많은 민원이 발생할 우려가 있는 것이지요.

반면 사회적기업은 자본력이 취약하다 보니 본인들이 할 수 있는 사업에 한계가 있어 연립주택 정도의 규모만 가능했습니다. 그래서 제가 P2P펀드와 연결을 하여 주었지요. 제자가 P2P에서 가치투자팀을 만들어 스토리텔링 기반의 부동산 투자 상품을 기획하기에 1억원 정도를 아이부키에 투자하여 10% 자기자본을 충족하고 금리 10%를 선취하게 되면, 아이부키 입장에서는 기존에 1억원의 매몰비용으로 한 사업장만을 할 수 있었다면, 이러한 새로운 금융 방식의 도움으로 10개의 사업장을 개발할 수 있게 됩니다.

사회적기업의 임대주택 서비스

15

사회적기업의 임대주택 서비스 예 '홍시 주택'* ∎

사회적기업인 아이부키의 임대주택 서비스 예를 보여드리려고 합니다. 하드웨어라고 할 수 있는 공간구조에 '입주민 자치'라는 소프트웨어와 컨텐츠가 결합되었습니다. 입주자 대표를 선출해 함께 살기 위한 규칙을 정하고 크고 작은 문제들을 해결하는 경험을 축적하여, 지금은 공동체 복원과 지역활성화에 공헌할 수 있는 방안을 고민하는 단계로 발전했다고 합니다.

눈에 보이진 않지만 일반적으로 '공동체'가 지역문제 해결과 범죄예방 등 사회안전망으로서 지대한 역할을 하고 있다는 점은 새로운 모델임에 분명해 보입니다. 홍시주택을 운영하고 있는 이광서 아이부키 대표가 운영에 있어 '자치공동체' 형성을 중요하게 여겼던 이유입니다. 이는 임대아파트 주민조직화 사업, 금천구 맞춤형 임대주택 사업 등을 진행했던 경험이 녹아든 철학이라고 합니다.

---

* 정계성 기자 "홍시주택의 '시민사회 2기' 실험", 〈시사위크〉, 2018.11.13 기사 참조

"생활 속에서 발생할 수 있는 층간 소음, 쓰레기 배출, 공유지 등의 문제는 공동체가 생겼기 때문에 잘 해결이 된 것 같다. 일반주택에서는 그런 문제 때문에 폭력사건이 벌어지기도 하지 않나. 우리는 공동체 안건으로 올리고 논의를 통해 해결한다. 입주자 대표가 잘 해준 것 같다. 공동체가 리스크를 관리할 수 있다면 앞으로 못할 게 없다.

그렇다고 개인의 삶이라는 가치와 충돌해서는 안 된다. 근본적인 것은 개인의 삶이며 그 바탕 위에서 원하는 사람들이 공동의 가치를 만들어가면 된다고 생각한다. 여기서 조금 더 나아가면 시민의식이라고 할 수 있다. 아마도 사회주택이 아니고 일반 원룸이었다면 생기지 않았을 것이다. 시민의식은 훈련하지 않으면 결코 생기지 않는다. 어떻게 보면 사회주택이 시민사회 2기로 나아가는데 큰 기여를 할 수 있지 않을까 생각한다." – 이광서 아이부키 대표 인터뷰 중

홍시주택에는 20~30대 직장인들이 주로 거주하고 있는데, 일반 원룸처럼 단절된 관계를 원하는 입주자부터 끈끈한 관계를 원하는 입주자까지 공동체의 성격을 놓고 의견이 다양할 수밖에 없습니다. 각양각색의 생각들을 조율하고 설득하는 일은 지루했고, 특히 '규칙'이 없었던 초기에는 소음과 흡연 등 사소한 불편사항을 해결하는 것도 어려웠다고 합니다. 하지만 매달 1회 입주자 회의 등을 거쳐 이견을 좁혔고, '입주자'에 한정됐던 공동체 범위가 '동네'로 확대되고 발전하고 있다고 합니다.

"누구나 인간적 관계에 대한 갈증은 있다고 생각한다. 하지만 이전에 살았던 고시원이나 원룸은 그럴 기회도, 에너지도 없었다. 하지만 공간이 생기고 다른 입주자들과 마주할 기회가 생기니 자연스럽게 관계가 형성됐다. 또 지역 청년

▲ 홍시주택 입주자 모집 홍보 현수막

홍시주택 입주자 자치 모임 ▶

◀ 홍시주택 입주자와 지역 활동가들이 함께 한 벼룩시장

모임이나 행사에 참석하면서 인맥도 생겨서 좋다. 동네라는 것에 대한 소속감이 생긴 것은 직장생활하면서 처음이다.

우리 사회구조 자체가 청년들이 시스템 안에서 일하고 꿈꿀 수 있는 세대가 아니다. 헬조선이라는 말도 있지 않나. 그런데 청년들끼리 관계를 맺고 또 네트워크가 생기면, 각자의 특기를 발휘할 수 있는 환경을 더 많이 접할 수 있다고 생각한다. 그래서 사회주택이 더 많이 생기고 소셜네트워크가 생기는 것이 바람직한 청년문제 해결의 방안이 될 수 있을 것 같다." - 김정우 입주자 대표 인터뷰 중

입주자와 지역사회를 연결하는 핵심통로는 '커뮤니티 공간'입니다. 홍시주택 1층에 마련된 커뮤니티 공간은 현재 이진경 로운쌀롱 대표가 임대해 운영 중이라고 합니다. 입주기념 파티, 벼룩시장 등의 행사를 개최했고 지금은 미술품 전시회를 운영한다고 합니다. 지역주민 누구나 저렴한 비용으로 임대가 가능하며 입주민 회의 공간으로도 사용하고 있다고 합니다. 이 대표는 금천구 공공주택 커뮤니티 공간을 관리했었던 경험을 바탕으로 더욱 다양하고 재미있는 공간활용 방안을 고민 중이며, 입주민과 지역사회의 커뮤니티를 형성하고 장기적으로 수익도 낼 수 있는 모델을 만들어 내는 것이 이 대표의 목표입니다.

"금천구에서 운영하는 공공주택 1층 커뮤니티 공간은 영리활동이 안 된다. 공공 가이드라인에 따라 지출관리나 실적보고 등 절차가 많다. 정해진 공공가이드 내에서 커뮤니티 공간이 가능할지 의문이 있었다. 돈을 조금 벌지 못하더라도 주민과 할 수 있는 재미있는 공간운영이 없을까 고민하던 터에 홍시주택에서 제안이 왔다.

솔직히 입주자와 공유하면서 영리까지 추구하는 수익구조가 많진 않다. 순수

하게 대관으로 수익률이 담보되려면 입지조건이 좋아야 하는데 그런 지역은 서울에서도 매우 한정적이다. 수익이 나기를 처음부터 바랄 수는 없다. 비록 인건비를 창출하는 것은 아니지만 높은 퀄리티를 가지고 다양한 공간활용을 실험해볼 수 있을 것 같다." - 이진경 로운쌀롱 대표 인터뷰 중

저는 홍시 임대주택에서 감명을 받은 부분이 청년들의 자치적인 운영과 지역민과의 소통입니다. 젊은이들이 대화와 소통을 하면서 사회생활을 익혀가고 주변 주민들과의 적극적인 커뮤니티를 통해 사회적기업의 임대주택이 지역사회의 발전에 기여할 수 있는 모델을 제시했다는 점에 높은 점수를 주고 싶습니다.

청년임대주택에서 제가 왜 임대주택 서비스를 강조하는지, 자본적 이득만을 추구하면 안되는 지를 잘 설명해주는 사례라고 할 수 있습니다.

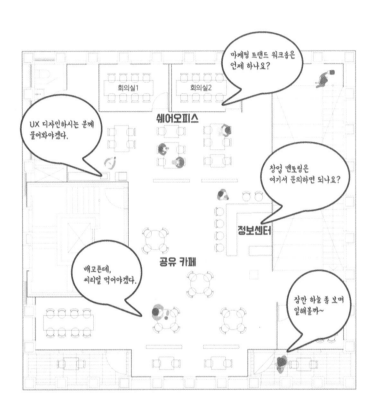

1인 가구와 공유주택

16

1인 가구와 공유주택 ▪

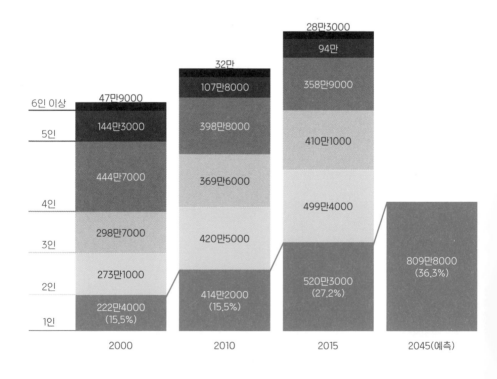

가구 구성 변화 단위 : 가구, 괄호 안은 비중 자료 : **통계청**

	2000	2010	2015	2045(예측)

6인 이상 47만9000

5인 144만3000

444만7000

4인

298만7000

3인

273만1000

2인

222만4000
(15.5%)

1인

32만

107만8000

398만8000

369만6000

420만5000

414만2000
(15.5%)

28만3000

94만

358만9000

410만1000

499만4000

520만3000
(27.2%)

809만8000
(36.3%)

2000   2010   2015   2045(예측)

저는 이전에 공유경제가 뜨고 있지만 한국은 기본적으로 주택을 개인의 고립되고 독립된 공간으로 생각하기에 타운하우스 등 단독 주택의 열기가 가라 앉지 않을 것이라는 말을 한 적이 있습니다.

하지만 이미 1인가구는 30%(2018년 기준)를 넘어섰습니다. 그들의 인식은 다음과 같다고 합니다.

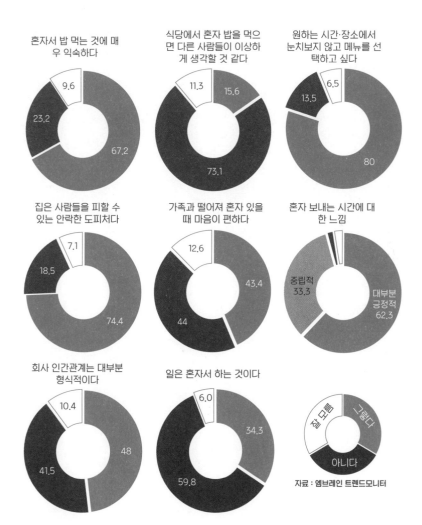

자료 : 엠브레인 트렌드모니터

위의 결과를 보아도 1인 가구의 증가가 공유경제인 셰어하우스 등을 꼭 선호하는 것은 아닌 것으로 보입니다. 셰어하우스는 어쩌면 청년층들이 임대 주거비용을 줄이는 역할에 더 적합해 보입니다.

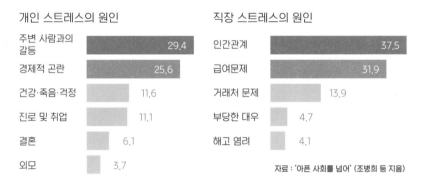

한국인의 스트레스 어디서 비롯될까 　단위 : %, 1000명 대상 면접 설문

개인 스트레스의 원인

주변 사람과의 갈등	29.4
경제적 곤란	25.6
건강·죽음·걱정	11.6
진로 및 취업	11.1
결혼	6.1
외모	3.7

직장 스트레스의 원인

인간관계	37.5
급여문제	31.9
거래처 문제	13.9
부당한 대우	4.7
해고 염려	4.1

자료 : '아픈 사회를 넘어' (조병희 등 지음)

경제적 곤란과 주변 사람과의 갈등이 가장 큰 스트레스의 원인이니 위의 결과만 놓고 본다면 1인 주택인 청년임대주택이 스트레스를 줄여주는 확실한 대안으로 보이는군요. 셰어하우스가 결국 주변사람과 인간관계 갈등을 불러일으킬 수 있으니 말이지요.

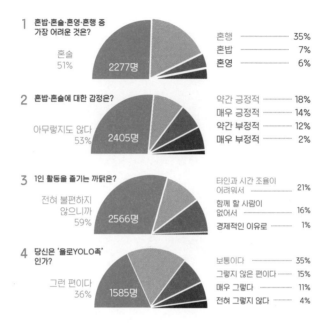

한국인의 고독 설문조사 예스24 회원 5864명(여성4398명) 응답

1 혼밥·혼술·혼영·혼행 중 가장 어려운 것은?

혼술 51% 2277명

혼행 ··············· 35%
혼밥 ··············· 7%
혼영 ··············· 6%

2 혼밥·혼술에 대한 감정은?

아무렇지도 않다 53% 2405명

약간 긍정적 ··············· 18%
매우 긍정적 ··············· 14%
약간 부정적 ··············· 12%
매우 부정적 ··············· 2%

3 1인 활동을 즐기는 까닭은?

전혀 불편하지 않으니까 59% 2566명

타인과 시간 조율이 어려워서 ··············· 21%
함께 할 사람이 없어서 ··············· 16%
경제적인 이유로 ··············· 1%

4 당신은 '욜로YOLO족' 인가?

그런 편이다 36% 1585명

보통이다 ··············· 35%
그렇지 않은 편이다 ··············· 15%
매우 그렇다 ··············· 11%
전혀 그렇지 않다 ··············· 4%

그리고 또 한가지 주목해야 하는 것은 혼밥입니다. 가성비와 욜로족이 대두되면서 대형마트가 지고 편의점과 다이소가 뜨고 있지요 결론적으로 우리나라 젊은이들 청년들이 원하는 것은 나 혼자의 독립적인 공간이되 금전적인 부담이 없는 주거인 듯합니다.

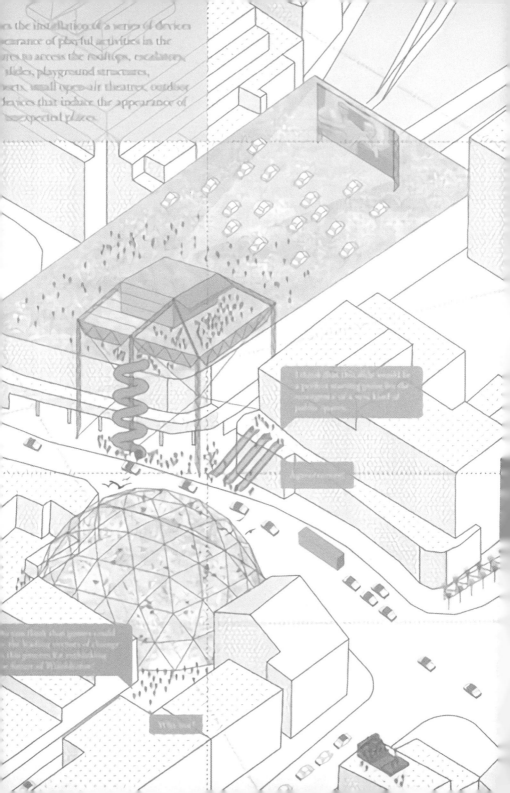

ARTICIPATE!

e installation of devices togeth
ses can build the paths for maj
transformations of the town cen
lt of a process in which citizens par

역세권 노인임대주택

17

역세권 노인임대주택 ■

　제가 청년임대주택에 대한 이야기를 하자 병원장들이 왜 노인 임대
주택에 대해서는 관심을 안 갖는지 불평을 하더군요.

　현재 우리나라 노인인구는 65세 이상을 기준으로 약 14.8%에 해
당합니다.

고령인구 14.8%
'19, KOISIS (통계청, 장래인구추계)

서울특별시의 노인 인구 추세는 다음 그림을 보면 잘 알 수 있습니
다.

출처 : 서울특별시, 서울통계연보, 1981, 1986, 1991, 1996, 2001, 2006

2 이하 Below
2~4
4~6
6~8
8 초과 Over (%)

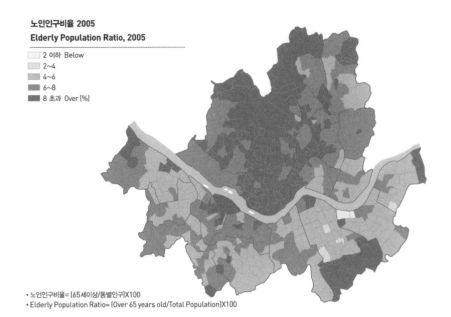

• 노인인구비율= (65세이상/동별인구)X100
• Elderly Population Ratio= (Over 65 years old/Total Population)X100

노인인구비율 1980·2005
Elderly Population Ratio, 1980·2005

◎ 1 per=1%

● 1980 ● 2005

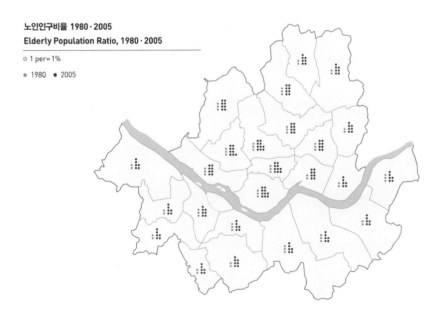

1980년 대비해서 엄청나게 늘어났습니다.

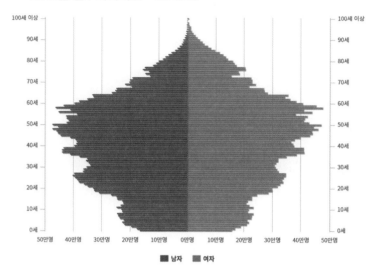

2019년 인구피라미드 자료 : 통계청

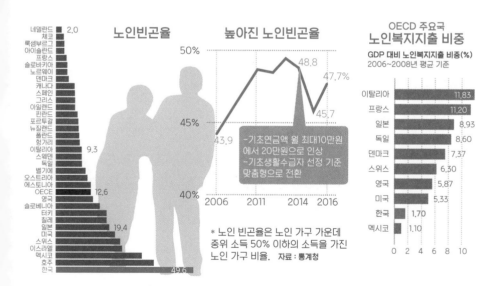

노인빈곤율

높아진 노인빈곤율

48.8
47.7%
45.7
43.9

-기초연금액 월 최대10만원에서 20만원으로 인상
-기초생활수급자 선정 기준 맞춤형으로 전환

2006 2011 2014 2016

* 노인 빈곤율은 노인 가구 가운데 중위 소득 50% 이하의 소득을 가진 노인 가구 비율. 자료 : 통계청

네덜란드 2.0
체코
룩셈부르크
아이슬란드
프랑스
슬로바키아
노르웨이
덴마크
캐나다
스페인
그리스
아일랜드
핀란드
포르투갈
뉴질랜드
폴란드
헝가리
이탈리아 9.3
스웨덴
독일
벨기에
오스트리아
에스토니아
OECE 12.6
영국
슬로베니아
터키
칠레
일본 19.4
미국
스위스
이스라엘
멕시코
호주
한국 49.6

OECD 주요국
노인복지지출 비중
GDP 대비 노인복지지출 비중(%)
2006~2008년 평균 기준

이탈리아	11.83
프랑스	11.20
일본	8.93
독일	8.60
덴마크	7.37
스위스	6.30
영국	5.87
미국	5.33
한국	1.70
멕시코	1.10

0 2 4 6 8 10

그럼에도 노인 빈곤율은 최고이고 복지는 OECD 최하위입니다.

병원장들의 주장은 대체로 '노인빈곤율이 세계 최고이고 복지는 너무나 작으며, 투표율은 제일 높은데 왜 정부는 노인 복지 정책을 외면하는가' 이지요. 사회적기업은 젊은 사람에게만 관심을 갖는 경향이 있는데 누구나 늙어가기에 노인복지에 신경을 더 써야 한다는 겁니다.

제가 몇 년 전에 용인에 실버타운을 검토한 적이 있었습니다. 정부에서 실버타운을 자연녹지 등에 조성할 수 있고 분양을 할 수 있는 상품으로 추진하자 젊은이들이 아버지 어머니 명의로 분양을 받는 부작용이 생겨서 분양을 불허하고 임대만을 허용했습니다.

당시 저의 경험으로는 실버타운이 대부분 실패한 사례가

1. 나이 드신 분들은 도심에 살고 싶어한다. (생활지원시설과 교통편리성 때문에)
2. 자녀들과 멀리 떨어져 있는 것을 싫어한다.
3. 노인들만 모여 사는 것은 양로원 같아서 싫어한다.

위와 같은 이유로 한국에서의 실버타운은 적잖이 실패했습니다. 그래서 일본에서는 실버타운에 젊은이들이 봉사를 조건으로 노인과 더불어 사는 커뮤니티가 대안으로 떠오르고 있습니다. 역세권의 청년임대주택과 마찬가지로 역세권 노인임대주택도 좋은 복지 정책의 대안이 될 수 있다고 생각이 됩니다.

1. 노인 복지지출은 어차피 증가하는데
2. 저렴한 임대료에 보증금 지원으로
3. 역세권에 위치해 생활지원시설과 교통이 편리하고

4. 상가 대신 병원을 유치하여 노인의 병원 진료도 편리하게 할 수 있다면 세금의 올바르고 현명한 지출 정책이 아닐까 합니다.

제가 이전에 작자 미상의 권효가를 올린 적이 있습니다. 한번 부모님과 우리 주변의 노인들을 떠올리는 계기가 되었으면 합니다.

권효가 (權孝歌)

부생교육 그은혜는 하늘같이 높으건만
고이키운 자식들중 효자효부 드물드라
시집오는 며느리는 시부모를 싫어하고
장가드는 아들자식 살림나기 바쁘도다
제자식이 장난치면 싱글벙글 웃으면서
부모님이 훈계하면 듣기싫어 성을내고
버릇없는 자식소리 듣기좋다 즐겨하나
부모님이 훈계하면 잔소리라 짜증낸다
자식들의 오줌똥은 맨손으로 주무르나
부모님의 가래침은 더럽다고 밥못먹고
과자봉지 들고와서 자식손에 쥐어주나
부모위해 고기한근 사올줄은 모르는가
개가아파 누우면은 가축병원 달려가나
늙은부모 병이나면 근심걱정 아니하네
열자식을 키운부모 하나같이 키웠건만
열자식은 한부모를 귀찮다고 내버리네
자식위해 두푼돈은 물쓰듯이 쓰건만원
부모위해 한푼돈은 아까워서 못쓰도다

처자식을 데리고는 외식함도 삿건만은
늙은부모 위해서는 외출한번 아니한다
그대몸이 소중하면 부모은덕 생각하고
서방님이 귀하거든 시부모를 잘섬겨라
죽은후에 후회말고 살아생전 효도하면
하느님께 복을받고 내한만큼 효도받네

청년들에게 실패할 권리를

18

청년들에게 실패할 권리를 ■

청년임대주택 사업을 하는 서울시의 정책적 저변에는 다음과 같은 의도가 있다고 합니다. 서울의 PIR, RIR이 너무 높아 청년들이 서울에서 집을 사려면 한 푼도 안 쓰고 버는 것을 모두 모아도 16년이 걸리지요. 그래서 청년들의 가처분 소득을 높여주기 위해 서울시에서 지출내역 중 가장 높은 임대료 비율을 낮추어 주고 궁극적으로 빠른 기간안에 청년들이 내 집 마련을 하게 해주자는 정책이 깔려 있다고 하더군요.

청년 실업률, 저출산, 고령화, 저성장

우리나라 경제의 미래에 대해 암울한 암시를 하는 단어들입니다. 옥스포드경제연구소에서 미래에 가장 먼저 지구상에서 사라질 나라로 한국을 지목했습니다. 이유는 가장 고령화가 빠른 나라이고 (일본이 38년인데 비해 우리나라는 26년만에 초고령화 사회로 진입) 2018년부터 생산 가능 인구가 줄어든 인구절벽이 예상되기 때문이라고 합니다.

우리나라의 청년 인구 추이를 보면 20, 30대가 2010년 30%에서 2050년 17%로 절반 가까이 줄어든다고 합니다. 반면 청년 실업률은 늘어나고 있지요. 청년이 줄어드는 데도 청년 실업률이 늘어나고 있는 이유는 무엇일까 고민을 해봅니다.

일본 후쿠시마원전 사고 당시 수거한 개인금고들이 있는데, 이 금고는 모두 고령층이 집에 소유하고 있던 금고들인데, 이 금고 안에는 한화로 약 260억원 정도가 들어있었다고 합니다. 고령화 사회가 되면 나이 드신 분들은 거의 소비를 줄이게 됩니다. 자녀에게 물려주기 위해서, 또는 불안한 미래 때문에 저축을 많이 하게 되는 거지요. 특히 일본 같이 마이너스 금리인 나라에서는 보관료를 내고 은행에 맡기기 보다는 개인이 개인금고에 보관을 하는 경우가 많다고 합니다.

고령화 사회는 필연적으로 소비가 위축되고, 그로 인해 내수가 침체되어 기업이 투자를 꺼리고 구조조정을 통해 인력을 해고시키는 악순환이 발생합니다. '고령화 사회 > 소비위축 > 기업투자 감소 및 구조조정 > 저성장 > 청년 실업률 증가' 이런 악순환이 오게 되는 것이지요. 이런 악순환을 끊어버리고 저성장을 탈피하고 소비를 활성화하려면 어떻게 해야 할까를 고민해야 합니다

영국의 1800년대 경제학자인 맬더스는 '정치 경제 원리'의 과소 소비설에서 소비성향 (소비/처분가능소득)은 최상위 계층이 평균보다 낮고, 최하위 계층이 평균보다 높다고 주장했습니다. 따라서 사회 내 빈부격차가 커지면 전체 소비는 오히려 감소하니 경제를 활성화하고 싶

다면 "가난한 자의 주머니를 채우라"라고 주장을 했지요.

　일본에서는 사토리 세대라는 것이 등장했습니다. 일명 "득도세대" 라고 하는데, 여자친구도, 물욕도, 욕망도 없어서 매일 아르바이트 해서 먹고사는 것에 만족하는 세대입니다. 일본의 자동차 광고가 멋있는 차를 광고 하는 것이 아니라 청년들에게 제발 운전면허를 따라고 광고 하는 것은 바로 이런 세태를 반영한 것이라고 합니다. 한국에서도 3포, 5포 세대라는 말이 있습니다. 돈이 없어서 결혼도, 연애도, 자식도 모두 포기한 세대라는 뜻이라고 하더군요. 한국도 위와 같은 악순환의 고리에 접어들었으니 청년들의 포기는 더 빠를 지도 모릅니다.

　일본의 잃어버린 25년의 민낯은 다음과 같은 것에 있다고 봅니다. 일본의 평균 임금 상승은 1990년에 41만 엔에서 2014년 36만 엔으로 13%가 줄었고, 반대로 세금은 33%가 줄어들었습니다. 즉 수입은 줄었으나 세금과 소비자 물가지수가 줄어서 사는데 불편함이 없다고 합니다. 그러나 그만큼 소비가 활성화 되지 못하는 것이지요. 가장 소비가 왕성한 청년층의 주머니가 비워져 있으니 내수는 당연히 위축되고 저성장의 기조를 빠져 나올 수가 없는 것입니다.

　한국에서도 2%대의 저성장 기조가 계속되고 소비가 위축되고 수출은 계속 증가율이 마이너스이고 인구는 빠른 속도로 고령화로 가며, 저출산의 기조로 초등학교와 중등학교 학생수가 계속 감소하고 있습니다. 필자는 한국의 저성장과 경제 활성화의 키가 바로 청년들에게 있다고 주장하는 사람입니다. 청년들의 주머니를 채우면 '소비가 활성화 되고 > 경제가 활성화 > 기업이 투자 및 신규 채용 > 청년들이 결혼과 출산에 관심'을 가지는 선순환 구조를 가져 갈 수 있을 것입니다.

저출산이 문제가 아니라 낳은 자식들의 주머니를 어떻게 채워서 그 자식들이 다시 결혼을 하고 출산을 하게 할지를 고민해야 하는 것입니다. 그러면 자연히 소비를 하게 되고 경제는 활성화될 것입니다. 청년들의 주머니를 채우는 가장 획기적인 방법은 바로 '창업'을 할 수 있도록 지원하는 것과 가처분 소득을 늘려주는 것입니다. 창업은 100명 중 1명만 성공해도 성공이라고 말들 합니다. 이유는 국가적으로 보면 99명이 실패하고 1명이 성공해도 그 한 명이 나머지 99명을 채용해 먹여 살릴 수 있다는 거시경제 측면의 희망이 생기기 때문입니다. 그래서 청년들이 끊임없이 창업에 도전을 하게 해야 합니다. 그런데 한국은 실패를 인정하지 않고 실패한 사람에게 다시 도전할 기회를 주는 것에 인색합니다.

그래서 정부가 실패한 청년들에게 재취업을 위한 교육을 하거나, 실업수당을 지급하는 등의 복지정책이 필요하고 창투 회사나, 액셀러레이터 회사들이 위와 같은 문제점이 발생하지 않도록 최선을 다해 지원을 해주어야 합니다.

전세계적으로 2000년대 초초고령화 사회로 진입한 나라는 일본, 이탈리아, 독일 이렇게 세 나라가 있습니다. 이탈리아는 청년실업률이 40%가 넘고 일본 또한 높지만, 독일만 그렇지 않고 성공한 케이스입니다. 독일은 기득권인 장년층이 임금을 올리는 것을 양보하고 그 비용으로 청년들을 많이 고용하고 기본급을 보장해주도록 하였습니다. 그래서 청년들이 직장을 가지고 주머니가 채워지니 계속해서 경제성장이 이루어진 것입니다.

북유럽국가에서는 3아웃 제도를 도입해서 세 번까지 청년들의 취업을 지원합니다. 직장을 알선해주고 재교육을 시키고 세 번까지 시도하는 중에는 계속 실업급여를 지급합니다. 이런 정부와 민간기업 간의 상호 노력이 있어야 하고 정부와 기업이 청년들의 주머니를 채우는 것이 결국 국가의 경제성장을 이룰 수 있는 근간이 된다는 것을 이해하고 노력하는 것이 절실히 필요합니다. 고령화 사회는 피할 수 없는 현실입니다. 100세 시대가 도래하는 것은 막을 수가 없습니다. 고령화 사회가 필연적으로 가지고 오는 소비의 위축, 저성장은 바로 청년들로부터 해결하지 않으면 안 됩니다.

청년들에게 실패할 권리를 주고. 그래서 청년들의 주머니를 채워주면 우리는 저성장, 고령화, 저출산의 고리를 끊을 수 있다고 생각합니다.

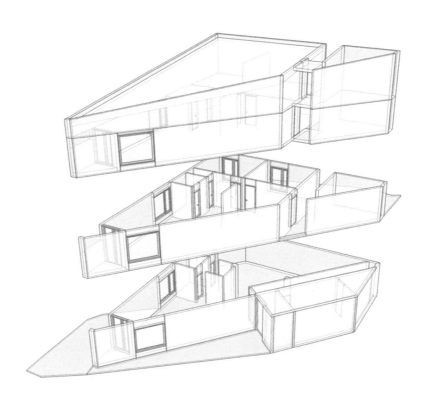

고금리 시대의 부동산 투자

19

고금리 시대의 부동산 투자 ▪

　지난 10년 간은 부동산 투자에 있어 최고의 활황기였습니다. 금리는 낮았으며 시중에는 유동자금이 풍부해서 돈을 빌리기 쉬웠고, 예금 금리는 낮아서 투자자들이 부동산에 몰릴 수밖에 없었습니다. 그렇다면 앞으로 10년도 지난 10년과 같을까요?

　먼저 투자자인 수분양자의 투자 속성에 대해 알아봅니다. 우리나라의 주택 자가 비율은 54%, 나머지 46%는 2주택자이므로 결국 우리 모두는 투자자라고 할 수 있습니다. 투자자들이 자산을 운용하는 방법은 다음과 같습니다.

구분	기대 수익률	특이사항
증권	10~20%	투기형 자산
예금	2~5%	안전자산
채권	2~3%	안전자산
부동산	4~6%	투기형 자산
펀드	10%	투기형 자산

유명한 워렌 버핏은 다음과 같이 자산을 운용합니다.

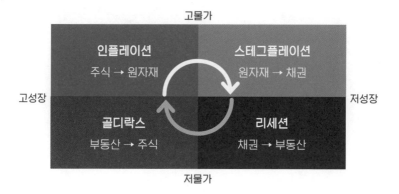

항목	경기	물가	금리
골디락스	UP	DOWN	DOWN
리세션	DOWN	DOWN	DOWN
인플레이션	UP	UP	UP
스태그플레이션	DOWN	UP	UP

우리나라는 2008년 금융대란 이후 리세션에 해당되었고 그래서 사람들이 부동산에 많은 투자를 한 것이지요. 저성장, 저금리, 저물가이기 때문입니다. 하지만 이제 부동산 가격이 꿈틀대기 시작하네요. 금융위기 이후 사람들이 계속해서 부동산에 투자하다 보니 아래 그림과 같이 부동산 가격이 상승하는 것을 알 수 있습니다.

KOSPI 지수

리먼브라더스 파산
(2008년 9월)

IMF에 구제금융
신청
(1997년 11월)

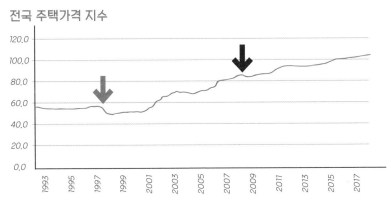

전국 주택가격 지수

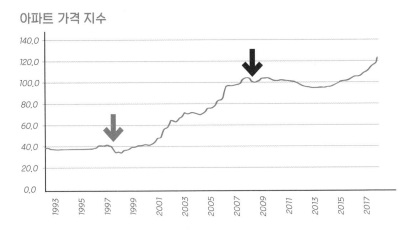

아파트 가격 지수

그런데 금리가 오르는 추세이고, 물가도 생필품을 중심으로 오르는 기미가 보이고 있지요. 저는 이 시점에서는 스태그플레이션이 우려되는 상황이라고 판단합니다.

[참고] 스태그플레이션(stagflation)
스태그네이션(stagnation)과 인플레이션(inflation)의 합성어로, 거시경제학에서 고 물가상승(인플레이션)과 실직, 경기 후퇴(스태그네이션)가 동시에 나타나는 경우를 말합니다. 정도가 심할 경우 "슬럼프플레이션"이라고 칭하기도 합니다.

즉 우리나라는 인플레이션을 넘어 스태그플레이션이 우려되는 상황인거죠. 금리는 지속적인 오름세이고 앞으로도 더 오르게 될 것이라고 예측된다면 투자자들은 어떻게 할까요? 굳이 리스크가 있고 환금성이 떨어지는 부동산보다는 예금이나 채권의 투자 비중을 높이게 됩니다. 이때부터 투자자인 수분양자는 매력적인 수익률이 나오지 않는 한 부동산보다는 예금을 선호하기 때문에 분양성은 극도로 악화됩니다.

예를 들어 상가의 경우
* 분양가 5억원
* 월세 200만원
* 보증금 2천만원이면
* 5억-2천만원 = 4.8억원 (투자금)
* 200만원 x 12개월 = 24백만원
* 수익률 = 24백만원 / 4.8억원 = 5% 입니다

그런데 지금 예금 금리가 5%면 누가 위험자산인 부동산에 투자할까요? 임차인이 없으면 수익률이 0%인데 말입니다.

즉 기준금리가 인상되어 예금금리가 올라가면 부동산의 분양성은 떨어지게 되는 것입니다. 만약 투자금 중 일부를 대출을 받았다면 대출 금리가 올라갈 것이니 수익률은 더 나빠지게 될 것입니다.

결론적으로 금리가 올라가는 상황에서는 수익률을 맞추기 위해 분양가가 더 낮아져야 합니다. 그러면 시행사의 매출액이 줄어들어 시행수익은 극도로 악화될 것입니다. 또한 경기가 안 좋으면 영업이 안 될 것이고 그러면 임대료를 상승시킬 수가 없을 것입니다. 그야말로 엎친 데 덮친 격이네요.

그렇다면 우리나라의 금리는 왜 오를 수밖에 없을까요? 우리나라 금리는 미국의 기준금리를 따라갑니다. 미국의 기준금리가 올해 최소 2~3번 인상될 예정인데, 미국의 입장에서는 고용상황과 산업대출률 등의 지표를 보면 양적완화의 시대에서 긴축의 시대로 전환되어야 하기 때문입니다. 미국과의 급격한 금리 차이는 해외자본의 유출을 초래하기에 정책당국은 절대로 그냥 두고 볼 수 없을 것입니다. 한국도 어쩔 수 없이 경제상황과는 다르게 금리를 올리거나 유지해야 하는 경우이지요.

미국 고용상황과 금리 자료 : BLS, Board of Governors

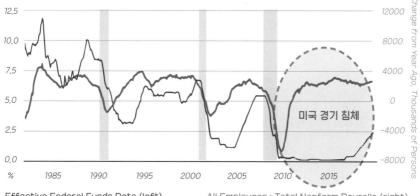

Effective Federal Funds Rate (left)   All Employees : Total Nonfarm Payrolls (right)

미국 고용상승률과 임금상승률 자료 : U.S. Bureau of Labor Statistics

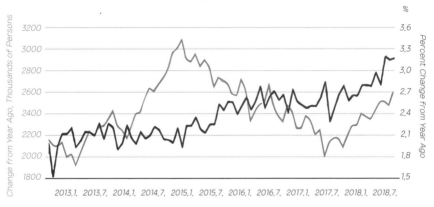

All Employees : Total Nonfarm Payrolls (left)

Average Hourly Earnings of All Employees : Total Privates (right)

미국 산업대출율과 금리 자료 : Board of Governors of the Federal Reserve System (US)

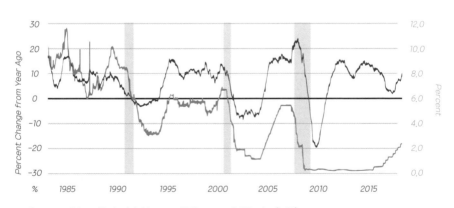

Commercial and Industrial Loans, All Commercial Banks (left)

Effictive Federal Funds Rate (right)

그러니 금리는 당분간 올라갈 수밖에 없을 것입니다. 따라서 지난 10년을 바라보고 부동산 시장을 바라보면 정말 큰일납니다.

인구와 부동산

20

인구와 부동산 ▪

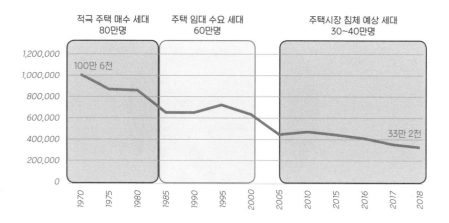

우리나라는 초고령화 시대에 접어들었다느니, 성인 여성 1명이 평생동안 아이를 몇 명 낳는지를 나타내는 합계출산율이 0.98명으로 나타났다는 등의 뉴스가 연일 귓전을 때리고 있습니다. 우리나라의 출생인구수가 100만→80만→60만→40만→30만→20만 이렇게 줄어가고 있습니다. 정말로 위기가 아닐 수 없습니다.

이런 저출산이 주택시장에는 어떤 영향을 미칠까요? 한 마디로 주택 시장의 수요가 그만큼 줄어드는 것입니다. 즉 주택을 매수할 세대의 숫자도 줄고 임대할 세대의 숫자도 줄어드는 것입니다. 그것도 20%씩 말이죠.

잠재 임대 수요가 50% 감소하니 전세가가 하락할 것입니다. 전세가가 하락하고 매수세대가 줄어들게 되면, 향후 10년 이내에 주택가격은 급락할 가능성이 높습니다. 지난 10년이 부동산 활황기였다면 이제 앞으로의 10년은 부동산 수축기입니다.

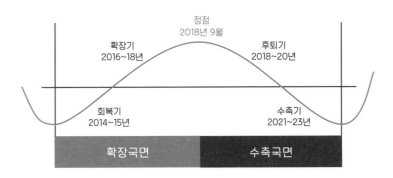

통상 주택 가격은 네 단계를 밟습니다
첫 단계는 시세 바닥권에서 거래 증가
둘째 단계는 거래가 증가하는 가운데 가격 상승
셋째 단계는 거래가 감소하는 가운데 시세 상승
넷째로 그 이후에는 거래가 감소하면서 시세 하락입니다.

이런 추세를 보아도 부동산 시장은 분명 쇠퇴기를 지나 수축기에 접을 들 것으로 보입니다.

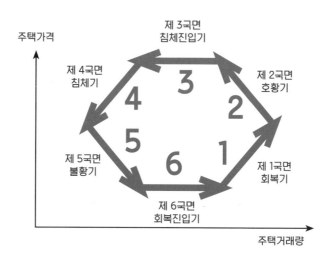

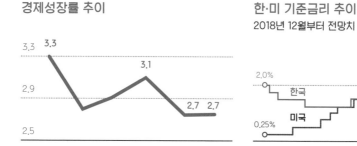

경제성장률 추이

한·미 기준금리 추이
2018년 12월부터 전망치

자료 : 한국은행·미국 연방준비제도

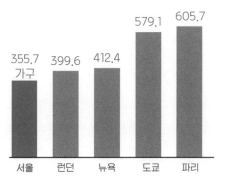

인구 1000명당 주택 수

355.7
가구

399.6

412.4

579.1

605.7

서울　런던　뉴욕　도쿄　파리

자료 : 서울연구원

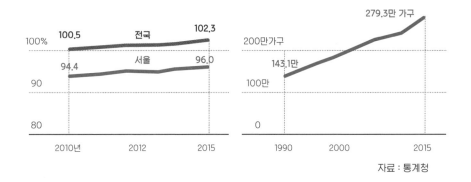

100%　100.5　　전국　　102.3

94.4　　서울　　96.0

90

80

2010년　　2012　　2015

279.3만 가구

200만가구

143.1만

100만

0

1990　　2000　　2015

자료 : 통계청

　　다만 경제학 기본 원리인 '수요 공급' 측면에서 서울의 주택은 여전히 부족해 집값 상승 압력이 있습니다. 서울의 주택보급률은 98%로서 적정 주택보급률 105%에 한참 미달하지요. 전국 주택보급률은 102.3%, 수도권은 98.6%로 역시 공급 부족 상태입니다.

부동산정보업체 부동산114에 따르면 올해 신규 입주 물량은 서울 3만8503가구로 작년보다 10.2% 증가한다고 합니다. 다만 경기(-25.3%), 인천(-18.7%), 지방(-22%)은 줄어든다고 하지요. 서울은 재건축·재개발 이주 수요가 얼마나 증감할 지가 변수입니다.

'부동산은 심리다'라는 말처럼 부동산 투자는 심리적 요인이 주요 변수가 됩니다. 한국은행 소비자심리지수(CCSI)와 주택산업연구원 주택사업경기실사지수(HBSI) 등이 일제히 하락하고 있습니다. 이것 또한 주택시장에 영향을 줄 것입니다.

마지막으로 그렇다면 빈 집은 어떻게 될까요? 일본은 생산활동 인구수가 정점을 찍고 자연인구 감소가 시작되기까지 13년이 걸렸는데 우리나라는 2017년에 생산활동인구가 정점이었고 2020년부터 자연인구가 감소되기 시작합니다. 즉 태어나는 사람보다 죽는 사람의 수가 더 많다는 것이지요. 일본은 2030년 빈집의 수가 전체 주택의 약 30%가 될 것이라고 합니다. 우리나라는 빈집의 수가 더 폭발적으로 늘어날 것이라고 생각합니다.

헨리 조지의 진보와 빈곤

21

헨리 조지의 진보와 빈곤 ▪

헨리 조지(Henry George, 1839년 9월 2일 ~ 1897년 10월 29일)는 미국의 저술가, 정치가, 정치경제학자이다. 그는 단일세(Single tax)라고도 불리는 토지가치세의 주창자였으며, 조지주의(Georgism, Geoism, Geonomics)라고 불리는 경제학파의 형성에 영향을 끼쳤다.

헨리 조지는 미국의 경제학자로《진보와 빈곤》을 저술한 분입니다. 19세기 말 영국 사회주의 운동에 커다란 영향을 끼치기도 했지요. 14세에 학교를 마치지 않고 학교를 떠나 사환·선원·인쇄공·출판사원 등을 전전한 후 독학으로 공부하였습니다. 단일토지세를 주장한《진보와 빈곤 Progress and Poverty》(1879)이 각국어로 번역되어 수백만 부가 팔림으로써 유명해졌습니다.

그 주요 내용은 D.리카도적인 지대론(地代論)에 입각, 인구의 증가나 기계 사용에 의한 이익은 토지의 독점적 소유자에게 거의 흡수되어 버리는 결과, 빈부 차가 커지고 지대는 상승하여 임금은 하락한다는 것입니다. 따라서 토지 공유의 필요성을 설파하고, 그 방법으로 모든 지대를 조세로 징수하여 사회복지 등의 지출에 충당해야 한다고 역설하였습니다. 이 세수(稅收)는 전체 재정지출을 충당하고도 남음이 있다고 전제, 다른 조세는 철폐할 수 있다고 했지요.

그의 사상은 19세기 말 영국 사회주의 운동에 커다란 영향을 끼쳐 '조지주의 운동'이 확산되었습니다.

이 분의 논리는 좀더 쉽게 풀어보면 다음과 같습니다.

토지는 인간이 나타나기 전부터 존재하던 것이다. 이를 인간이 소유한다는 것은 문제가 있다. 토지를 소유하면서 자본이득이라는 불로소득이 창출한다. 따라서 노동력을 제공하여 사회의 부를 증대시키는 것이 아니라, 자본을 소유함으로써 불로소득을 창출하고 이것이 빈부 격차를 야기한다.

요즈음 젠트리피케이션 문제를 보면 이분의 말씀이 맞는 것 같기도 합니다. 예를 들어 보겠습니다.

한 상가의 매출과 비용 명세서는 다음과 같습니다.

매출 : 3500만원

비용 : 3406만원

재료비 : 1500만원

인건비 : 1000만원

임대료 : 528만원

광과금 : 378만원

이익 : 94만원

식당의 아르바이트보다 수익이 적지요. 건물주는 매년 임대료를 올립니다. 아무런 노동의 대가 없이 임대료를 상승시켜 자본이득을 취하지요. 그래서 견디다 못한 상인들이 거리를 떠납니다. 소위 말하는 젠트리피케이션이 일어나는 것이지요.

이분의 책에 나오는 다음 구절은 저에게는 새롭게 다가옵니다.

조그마한 땅이라도 사 놓아라.

당신이 사회에 부를 손톱만큼 기여하지 않더라도

10년후엔 부자가 될 것이다.

호화주택에서 살 것이다.

하지만 빈민구호소 옆에 살 것이다.

이분은 경제라는 것을 다음과 같이 정의합니다.

경제 = 도덕

즉 경제는 모두를 이롭게 하기 위한 행위라는 것입니다. 그런데 독점과 토지 사유는 도덕적이지 않고, 도덕적이지 않으므로 경제적이지 않다는 것입니다. 스스로 가치를 만들어내지 못하는 토지를 가진 사람들이 대부분의 부를 가져가고 있는 것은 잘못된 경제행위라는 것입니다.

오늘 헨리 조지의 책을 다시 읽어 보면서 제가 너무 학문적인 접근을 했다는 생각을 지울 수가 없군요.

인구구조와 공간의 변화

22

인구구조와 공간의 변화 ▪

2016년 통계청에서 발표한 인구구조의 변화는 다음과 같았습니다.

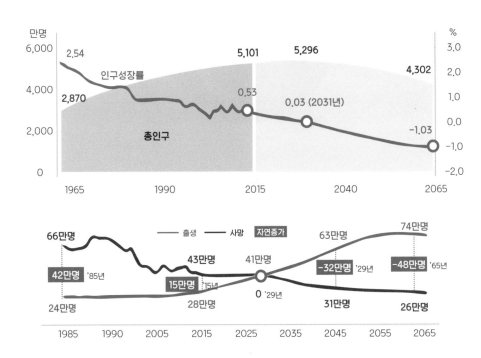

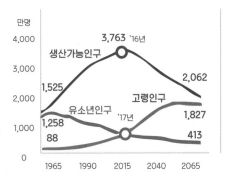
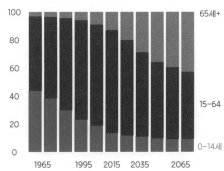

위의 예측 그래프에서 맞은 것은 생산가능인구가 2016년 정점을 찍고 하향한다는 사실 단 하나이고 2028년을 기점으로 자연인구가 감소할 것이라는 예측은 틀려버렸습니다. 2028년이라고 한 예측은 더욱 단축되어 2020년부터 자연인구가 감소하기 시작하게 됩니다. 출산율이 1 이하로 내려갔기 때문입니다. 그리고 출생자수가 30만대 이하로 감소하기 시작했기 때문이지요.

인구구조의 변화에 따른 공간의 변화는 다음과 같습니다. 6개 인구 변화 유형의 시기별 변화를 살펴보면 2005년부터 2010년까지는 시군구 유형 간의 큰 변화가 없었던 반면 2010년부터 2015년 사이에 유형 변화가 나타난 시군구가 증가하였는데 이는 신도시 및 기업도시, 신규 국가산업단지 등의 정책적 요인에 의한 것으로 판단됩니다.

1) 인구분포의 공간적 양극화

수도권과 부산·울산권을 연결하는 경부축에 지속 증가 지역이 집중 분포, 그 외 지역에는 지속 감소 지역 다수 분포

대도시로의 인구 집중 및 과소 지역 확대가 동시에 발생, 인구 양극화는 더욱 심화 전망

2) 수도권의 확대

인구 증가 지역이 수도권에서 인접한 충청권과 강원도 일부 시군으로 확산

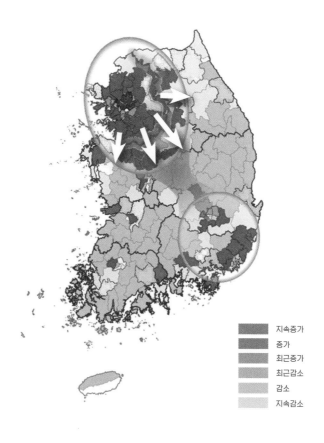

지속증가
증가
최근증가
최근감소
감소
지속감소

3) 공간적 광역화

대도시에서 그 주변지역으로 인구가 확산되는 대도시의 광역화 진행

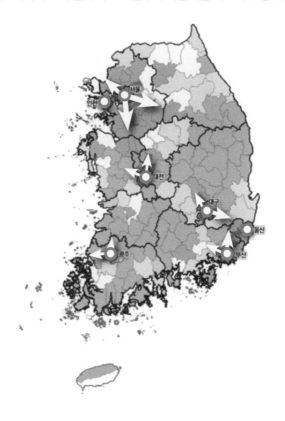

4) 마지막으로 주목할 것은 혁신도시의 인구 집중 양상

혁신도시가 위치한 지역에서는 인구가 증가하거나 인구 감소가 완화되는 현상이 나타나 향후 지역의 주요 성장거점으로 발전할 가능성이 높음

그래서 국토부에서 국토의 균형 발전을 위해서 다음과 같은 것을 모색한다고 하더군요.

1) 네트워크 도시 체계 구축

지방대도시, 혁신도시 및 지방 중소도시와 주변지역을 연계한 네트워크 도시체계 구축 추진

3~5개 지역이 연합하고 고차서비스나 경제, 교육 등의 중심 기능을 공유하는 강소도시권 육성 제안

2) 압축개발 강화

효율적인 공공시설, 인프라 이용 및 운영을 위해서는 압축개발 개념을 공간계획에 적극 반영

3) 지역 특성에 부합하는 지역 재생

기존 도심의 재생, 지방중소도시의 실정에 맞는 재생 사업 추진

농촌 지역의 특성에 맞는 지역 재생 추진

4) 기초 생활 인프라 공급

인구 감소 지역에 생활 편의를 증진하고 삶의 질 유지 및 향상에 교통, 의료, 교육시설 등 필수적인 기초 생활 인프라 공급

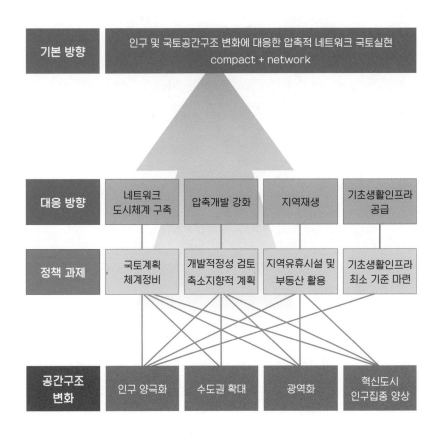

기본 방향	인구 및 국토공간구조 변화에 대응한 압축적 네트워크 국토실현 compact + network			
대응 방향	네트워크 도시체계 구축	압축개발 강화	지역재생	기초생활인프라 공급
정책 과제	국토계획 체계정비	개발적정성 검토 축소지향적 계획	지역유휴시설 및 부동산 활용	기초생활인프라 최소 기준 마련
공간구조 변화	인구 양극화	수도권 확대	광역화	혁신도시 인구집중 양상

지역별 출생률은 다음과 같습니다.

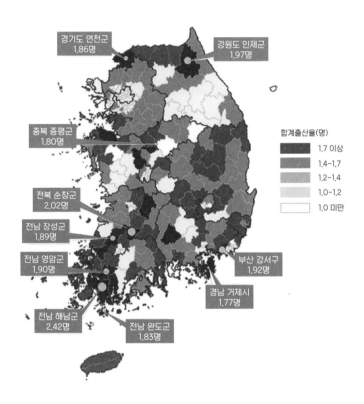

대부분의 도시들이 사라지는 가장 큰 이유가 주변에 생활 지원 시설이 없다 보니 생활 지원 시설이 풍부한 수도권으로 사람들이 몰리기 때문입니다. 혁신도시와 같이 일자리가 창출되고 근린생활 시설이 있는 곳으로 사람들이 몰리게 되지요.

국회입법처에서 예고에 의하면 우리나라에서 가장 먼저 없어지는 도시는 부산이라고 하네요.

봉제공방
+주거

도시 집중화, 미래의 도시 모습

23

도시 집중화, 미래의 도시 모습 ▪

저는 부동산 금융을 하다 보니 건축학, 도시공학에 대한 관심도 많은 편입니다. 그래서 그와 관련된 책을 많이 읽습니다. 그동안 읽은 책들에 기반하여 도시에 관한 얘기를 해보고자 합니다.

현대 도시 이미지의 원형은 20세기 초 이탈리아에서 등장한 예술사조인 미래파 회화 작품에서 실마리를 찾을 수 있다고 합니다. 또한 이탈리아 미래파 화가 포르투나토 데페로의 작품 '고층빌딩과 터널'은 현재 서울 모습과 많이 닮았다고 하지요. 100년 전에 잉태된 이미지들이 현대도시의 상징이 된 셈입니다.

이런 도시의 미래 이미지를 미래학에서는 '중고미래'라고 부릅니다. 이미 남들이 사용한 이미지라는 뜻이지요. 도시를 '중고미래'로 보는 시각은 도시에 대한 '대안미래'를 상상할 수 있는 여지를 줍니다.

어떤 대안 도시를 상상해 볼 수 있을까요? 현대 도시의 상징인 고층아파트는 토지 효율성을 높이고 주변 지가를 높입니다. 그러나 에너지 측면에선 비효율적이지요. 고속 엘리베이터 등 고층아파트가 아니라면

불필요했을 추가 에너지가 들어가기 때문입니다. 지구온난화가 진행될수록 문제점은 더욱 부각될 것이라고 생각됩니다.

미래의 도시를 예측하는데 필요한 주요한 키워드는 다음과 같습니다.

첫째는 산업사회에서 지식사회로의 전환입니다. 지식사회란 그 사회가 생산하는 부가가치가 주로 지식산업에서 나온다는 걸 말하지요. 일자리도 지식산업에서 주로 나올 겁니다. 연구·개발, IT, 컨설팅, 콘텐츠 산업이 지식산업의 사례입니다. 봉건사회에서 농노는 토지에 종속돼 있었습니다. 산업사회에서 노동자는 공장에서 멀리 떨어지지 못했지요. 그러나 이제 지식은 장소에 구애받지 않습니다.

둘째는 원격 근무·의료·교육의 확산입니다. 도시의 핵심 기능은 직업, 의료, 교육의 제공입니다. 원격 근무가 일상화되고, 상시 의료 진단 서비스가 정착하고, 가상현실 무크(MOOC) 등 온라인 교육이 제도권에 편입되면, 도시의 기능과 역할에 상당한 변화가 올 수밖에 없을 것입니다. 대학입시를 위한 강남 집중현상이 무너질 수도 있다는 것이지요.

세 번째는 인구 감소입니다. 우리나라의 경우 빠르면 2023년, 조금 늦으면 2028년에 인구 감소가 현실화할 전망이라고 하지요. 인구수는 모든 사회 시스템의 근간입니다. 인구 추세는 한번 흐름이 정착하면 쉽게 변화하지 않습니다. 1980년대 중반 이후 합계출산율이 인구 대체수준(2.1명) 이하로 떨어진 지 한 세대가 훌쩍 지나면서 생산가능 인구는 이미 감소세로 돌아섰습니다.

네 번째는 1인 가구의 증가입니다. 1인 가구는 2020년대엔 30%를 넘어서며 머지않아 최대 가구 형태로 부상할 전망입니다. 일본에서는 조만간 전체 가구수의 40%를 차지할 것이라고 하는데요. 개인주의 성향 확산과 성 평등 향상, 저출산 고령화 등이 1인 가구의 증가세를 이끌어가고 있습니다. 또한 1인 가구 증가는 평균 거주 공간의 감소를 부를 것입니다.

다섯 번째는 고령화입니다. 한국은 세계에서 가장 빠른 고령화 속도를 보여주고 있습니다. 지난해 고령사회에 진입한데 이어 2025년엔 고령 인구(65세 이상) 비율이 20%를 넘어서는 초고령 사회에 들어서고, 2040년엔 30%를 넘어설 전망이라고 합니다. 2030년엔 한국이 세계 최고 장수국이 될 것이란 전망도 있습니다. 역노화기술, 즉 다시 젊어지는 기술도 인간을 대상으로 이르면 2020년대 말 임상시험이 시작될 것으로 보인다고 합니다. 기대 수명 증가는 일자리, 주택소유 등에 영향을 미치게 됩니다. 고령자들은 생활 편의 및 의료 서비스로 인해 도시 거주를 선호하기에 미래 도시의 주요 키워드가 되는 것이지요.

여섯 번째는 기후변화입니다. 제가 개인적으로 제일 중요하게 생각하는 부분입니다. 대부분의 도시는 에너지 사용이 집약적이며, 과도한 쓰레기를 생산합니다. 기후변화 주범 중의 하나이지요. 그런데 지구 온난화와 해수면 상승으로 거주하기 적합한 공간에 변화가 온다고 합니다. 지금보다 북쪽, 지금보다 고도가 높은 곳이 도시 적합지가 될 것이라고 합니다. 고령자 친화적 스마트 시티의 입지는 보다 북쪽으로 이동할 가능성이 크겠네요.

도시의 미래 시나리오

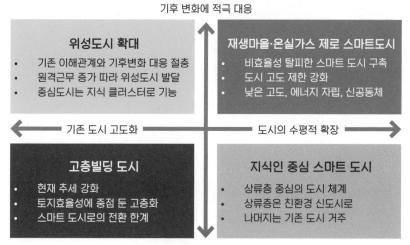

위의 요소들을 근거로 예측을 해보면

5가지의 미래 도시 유형을 추출할 수 있습니다. 그 5가지 유형은

1. 수평 확장 도시

2. 자연 친화 도시

3. 노인친화 스마트 도시

4. 지식 클러스터 도시

5. 기존 도시의 공동화

입니다.

위의 6가지의 미래 동인과 5가지의 미래 도시 유형을 결합하면

1. 도시의 수평 확장과

2. 자연 친화 경향이 강해지고

3. 도시의 노인 친화성이 필요하며

4. 기존 도시의 공동화 위험이

함께 존재한다는 흐름을 읽어낼 수 있습니다.

이 시나리오에서 도시의 개연 미래는 '위성도시의 확대'이며, 변혁적 미래는 '재생마을 및 온실가스 제로 스마트도시'입니다. 개연 미래란 실현 가능성이 큰 미래, 변혁적 미래란 질적 변화를 수반한 미래를 뜻합니다.

개연 미래나 변혁적 미래 모두 도시 공동화를 부를 가능성이 큽니다. 인구 감소, 지식사회로의 전환, 가상현실과 무인 자율주행차 기술 역시 도시 공동화를 재촉할 가능성이 있습니다.

인류의 절반 이상은 이제 도시에 살고 있습니다. 2050년엔 70%에 이를 전망이지요. 한국은 이미 도시화율이 90%를 넘어섰습니다. 이는 도시의 집값 문제를 부동산 시장 차원에서만 다뤄선 해결하기 어렵다는 걸 뜻합니다.

정부의 9·13 조치로 상승세가 멈췄다고는 하지만 지난 2~3년 동안 서울 아파트 가격이 무척이나 올랐고, '소득 대비 주택 가격 비율'(H-PIR)을 보면 서울의 경우 이 비율이 2017년 19.7에 이르렀습니다. 서울의 중위 소득자가 27평형 중위가격 아파트를 사는 데 자신의 수입을 전부 쏟아부어도 19.7년이 걸린다는 뜻이지요.

이는 글로벌 도시 중 23위에 해당하고 세계에 100만 이상 인구가 거주하는 도시 500곳을 기준으로 하면 상위 5%에 속하며, 인구 15만 이상 도시 4400곳을 기준으로 하면 상위 0.5%입니다. 이를 정상적인 움직임으로 보기는 어렵습니다.

10년 후의 도시의 모습을 고민하고 인구와 고령화, 지구 온난화와 같은 기후 문제, 그리고 온라인 교육, 지식 클러스터와 같은 기술의 발달이 도시의 모습을 어떻게 변화시키게 될 지를 고민해야 할 때입니다.

그리고 10년 이내에 사람들이 관심을 가질 주거 환경은 제 생각에는 아마도 도시에서 노인 친화적인 건물이 아닐까 합니다. 고령화로 인해 주택을 살 만한 주요 고객은 노인이 주 대상이 될 듯하니 말이지요.

그래서 저는 개인적으로 이런 건물을 상상해 봅니다. 주상복합으로 3개 층이 상가 시설이고 24층 정도의 건물에

3층부터 9층까지는 노인 가구 전용

10층에서 16층까지는 청년 전용

17층에서 24층까지는 30~40대 전용

상가 3층은 병원 시설

상가 2층은 운동시설

상가 1층은 근린생활시설

인 건물을 말입니다.

외곽 실버타운이 실패한 가장 큰 원인은 노인이라서 공기 좋은 곳에 살 것이고, 주거비가 저렴한 곳에 살 것이라는 잘못된 수요 분석이 있었기 때문입니다. 노인일수록 도시에 살아야 합니다!

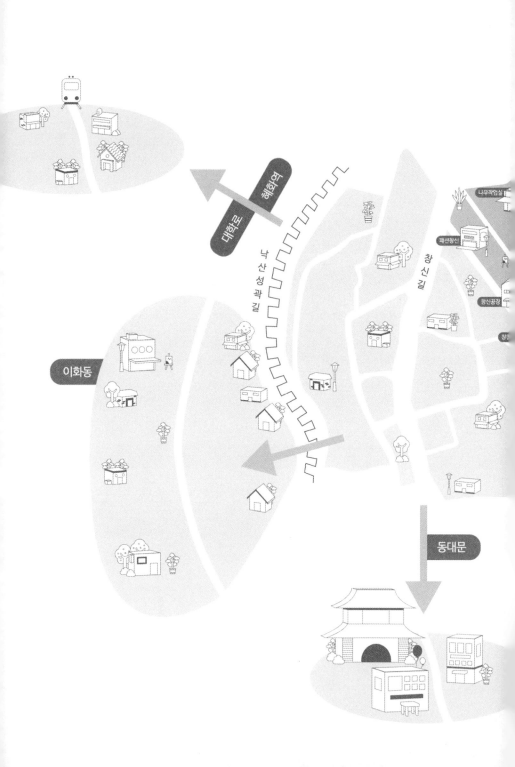

도시재생과 도시 재개발

24

도시재생과 도시 재개발 ■

　　도시 재개발과 도시재생이라는 단어가 있습니다. 1980년대 이후 우리나라의 도시 재개발은 도시 빈곤지역을 중심으로 주택 재개발 사업으로 활성화되었지요. 이 경우 재개발조합은 토지를 제공하고 민간 건설업체는 재개발 시공을 맡습니다. 조합원은 자신의 토지 지분에 따라 새로 지어지는 아파트를 제공받고, 민간 건설업체는 남은 아파트를 일반 분양해서 사업의 수지를 맞추는 구조입니다.

　　하지만 재개발사업은 저소득 주민의 복리 증진과 도시환경 개선이라는 당초의 목표와는 많이 다르게 진행되었습니다. 기존의 도시 빈민을 철거 이주시키고 그곳에 중산층을 위한 아파트 단지를 만들기에 지역 저소득 계층은 소외되고 도시 빈곤지역의 공동체는 해체되었습니다.

　　피터 로버츠(Peter Roberts)는 도시 재생 핸드북(Urban Regeneration: A Handbook)에서 도시 재생을 다음과 같이 정의합니다.

"도시 재생은 도시 문제를 해결하기 위한 종합적이고 통합적인 비전과 행위이다. 공간의 물리적 재생만이 아니라 경제, 사회, 문화적 요소가 통합되면서 도시 지역 공동체 주민의 삶의 질을 향상시키는 것이 도시 재생의 핵심내용이다."

하지만 우리나라의 도시재생은 철저히 주택조합과 민간 건설업체의 시장논리에 의거한 수익성 사업이 되고 말았습니다.

[참고] 피터 로버츠(Peter Roberts)

피터 로버츠는 던디 대학교(University of Dundee)의 유럽 전략 기획 (European Strategic Planning) 교수입니다. 그는 영국 도시재생협회 모범 운영위원회 (Urban Regeneration Association Best Practice Committee)의 의장을 맡고 있으며 유럽의 여러 나라 및 지방 도시들의 도시 및 지역 개발 및 재생에 있어 정책 및 계획, 공간 개발, 환경 관리 및 지방 자치 등에 관한 광범위한 연구와 자문을 하고 있습니다. 그가 쓴 도시 재생 핸드북(Urban Regeneration: A Handbook)은 도시재생 연구자 및 정책결정자들이 꼭 한 번은 읽어보는 교과서 같은 책입니다.

도시재생은 다음 6가지 핵심 개념이 존재한다고 합니다.

1) 공공성

도시 재생은 도시에 사는 모든 사람, 저소득층, 중산층에게 이로운 방향으로 전개되어야 하는 공공성이 존재하고

2) 성찰적 민주주의

누구의 독단적인 수익을 위한 추진이 아닌 토론과 대화를 통한 추진이 되어야 하며

3) 민관 협력

민관이 협력하여 주도적으로 진행하여야 하고

4) 종합과 통합

문화, 사회, 경제의 종합적, 통합적으로 진행되어야 하고

5) 공동체 중심

현재 거주하는 공동체를 파괴하지 말아야 하며

6) 창조와 혁신

도시를 살기 좋은 곳으로 만들기 위한 창조와 혁신이 뒷받침되어야 한다는 것입니다.

젠트리피케이션의 사회적인 문제를 많이 지적합니다. 하지만 위와 같은 6가지 원칙을 지키면서 사회적, 경제적으로 낙후된 지역을 종합적으로 개선시켜 지역 공동체 주민의 삶의 질을 향상시키는 것이 바로 도시 재생의 목적을 실현하는 길이겠지요.

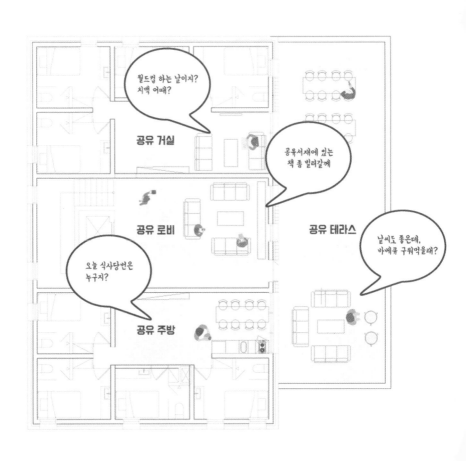

거래 절벽과 부동산

25

거래 절벽과 부동산 ▪

　오늘 시중 은행에 근무하는 후배 지점장이 점심에 인사를 왔습니다. 이런 저런 이야기를 나누었는데 저에게 '내년에 아파트 값이 정말 떨어질 것 같냐'고 문의하더군요. 그 질문에 답도 할 겸 많은 분들이 궁금해 하실 것 같아 거래량과 아파트 가격에 대해 대치동의 한 아파트 가격을 사례로 말씀드리지요.

날짜	06년 1월	07년 1월	09년 1월	09년 12월	12년 10월
매매가(천원)	1,320,000	1,900,000	1,280,000	1,510,000	1,140,000

표 1 : 아파트 매매가격 변동 추이

　아파트 가격이 상승과 하락을 반복했지요. 2009년 1월에는 떨어졌다가 2012년 10월에는 다시 추락을 했습니다.

구분	08년 1월	2월	3월	4월	5월	6월	7월	8월	9월	10월	11월	12월	09년 1월
서울시	5,400	5,547	8,933	12,173	8,772	7,159	5,418	3,304	2,462	2,290	1,301	1,435	2,586

표2 아파트 매매가 변동 추이

19억까지 상승한 아파트 가격이 2009년 1월에 하락할 때는 6개월 동안 거래 절벽 현상이 나타났지요.

구분	11년 12월	12년 1월	2월	3월	4월	5월	6월	7월	8월	9월	10월
서울시	6,035	1,495	3,439	4,011	4,025	3,646	3,091	2,849	2,366	2,182	4,156

표3 아파트 매매가 변동 추이

2012년 10월에 하락할 때도 역시 4개월 간 거래 절벽 현상이 나타 났습니다.

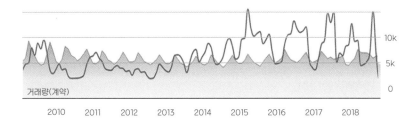

표 4 아파트 매매 거래량 변동 추이

위의 표는 2009년부터 2018년까지 아파트 매매 거래량을 표시한 것입니다.

최근 서울 아파트 매매 거래량

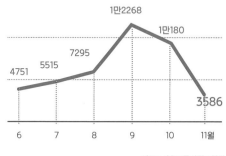

자료 : 서울부동산정보광장

표 1과 같이 아파트 가격 하락이 올 때에는 약 4개월 간의 거래 절벽 현상이 왔습니다. 위의 그림처럼 급격한 거래 절벽 현상이 오는 것은 아파트 가격 하락의 전조라고 보입니다. 특히 전세가율이 하락하면 아파트 가격 하락을 불러옵니다. 전세 세입자에게 전세금을 돌려줘야 하니까 급매물이 나올 수밖에 없지요. 그런데 가격이 너무 높으니 살 사람이 없고 거래는 완전히 끊기는 거래 절벽이 나타나게 되는 것입니다. 또한 공급이 많으면 전세 공급이 당연히 많아지게 되고 전세가율은 계속 하락을 합니다.

최근 13년 간 서울시 준공 물량

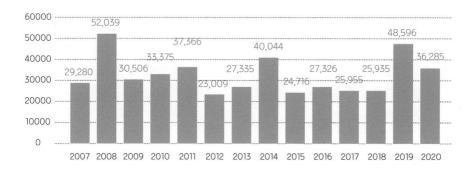

거래 절벽 → 가격 하락

공급 과다 → 전세 공급 과다 → 전세가율 하락 → 가격 하락

위와 같은 공식을 따르게 되는 것입니다.

일반적으로 우리나라 아파트 구매자는 실거주자 아니면 전세를 놓
고 전세금으로 잔금을 치루는 경향이 많습니다. 즉 아파트 가격의 상승
을 기대하면서 전세를 놓고 그것으로 투자금으로 사용하는 것이지요.
그것을 갭투자라 합니다.

그런데 아파트 입주물량 증가로 전세 공급이 많아지면 당연히 전세
가격이 하락하게 되고 전세가율은 낮아지게 됩니다. 그러다가 견디지
못하면 매물이 나오고 가격은 하락하게 되지요.

전세가율 하락 → 거래 절벽

이것이 가격 하락의 전형적인 징조입니다. 보통 주택 가격에서 전세가는 사용 가치이고 나머지가 보유 가치라는 말씀을 드린 적이 있습니다. 전세가율이 떨어진다는 것은 보유 가치에 거품이 있고 사람들은 관망을 하기에 거래 절벽 현상이 오는 것입니다.

단위 % 자료 : KB부동산시세

	1월	2월	3월	4월	5월	6월	7월	8월	9월	10월
	74.3	74.1	73.7	73.4	73.2	73.0	72.8	72.6	71.9	71.4
	69.3	68.5	67.2	66.2	65.8	65.4	64.8	64.3	61.7	60.3
	54.4	53.3	51.4	50.6	51.2	51.0	50.8	50.2	48.9	48.7

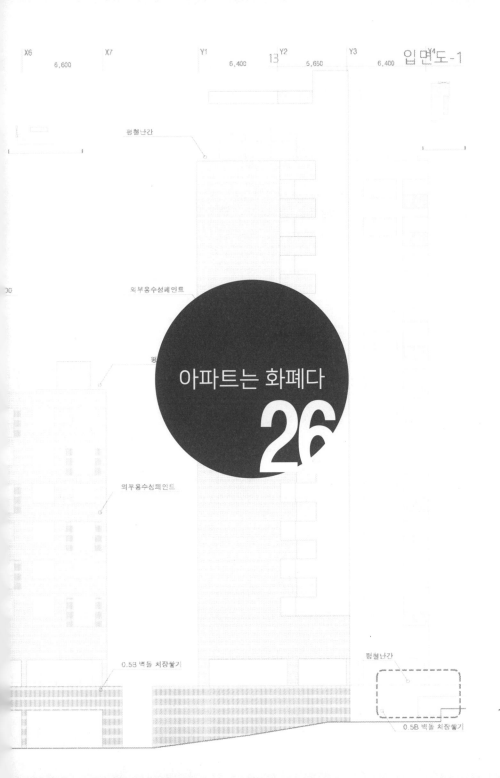

아파트는 화폐다

26

아파트는 화폐다 ▪

    우리나라에서 아파트는 사는 곳이 아니라 재화인 화폐가 되었습니다. 그 이유를 저 나름대로 곰곰이 생각해 보았습니다. 그 결과 전국의 모든 아파트의 모양과 형태가 똑같기 때문에 모든 사람들이 가격을 신뢰하는 재화로 인식한다는 생각이 들었습니다.

    제가 화폐의 가치에 대해 돌화폐(밀턴프리드만) 이야기를 한 적이 있습니다. 화폐란 사람간의 신뢰를 근거로 하는 약속의 증표이지요. 강남의 아파트를 표준으로 전국의 모든 아파트가 동일한 구조, 동일한 외관, 동일한 환경을 가지고 있습니다. 그러다 보니 사람들은 '돌화폐의 섬'에서처럼, 위치와 크기에 따라 일정한 가격을 표준화한 화폐의 가치를 형성시킨 것이지요.

    반면 외국은 같은 모양의 아파트를 찾아보기 힘듭니다. 다음 그림의 왼쪽은 독일의 모더니즘 주택단지이고, 오른쪽은 덴마크의 8자형 아파트 단지입니다.

▲ 독일 유네스코 세계문화유산 공동주택　　　　▲ 덴마크 코펜하겐 외레스타드 전경

　　이렇게 주거환경이 다르고 형태도 다르다 보니 가격이 일정화되지 않습니다. 그래서 유럽에서는 아파트를 바라볼 때 주거를 강조하지 재화로 인식하지 않습니다. 반면 우리나라 대기업 시공사에 지은 아파트는 모두 브랜드를 가지고 있습니다. 마치 몇만 원짜리 수표처럼 말이지요. 만원권(중소건설사), 5만원권(대기업건설사).. 이렇게 아파트가 화폐화 되고 있는 것이 우리나라의 실정입니다.

강남은 표준입니다. 이를 본 뜬 짝퉁이 전국에 넘쳐납니다. 짝퉁을 소유한 사람은 언젠가는 진퉁을 소유하고 싶어 하고, 그래서 강남에 미련을 버리지 못하는 것은 아닐까요?